图说世界文明史
玛雅

〔意〕达维德·多梅尼奇 著　　王兢 译

山东画报出版社

目录

第1页图 这尊查克穆尔站在奇琴伊察的武士神庙入口。

第2—3页图 奥尔梅克巨像的特写。

第4—5页图 波南帕克的壁画。

第6—7页图 奇琴伊察卡斯蒂略金字塔之鸟瞰。

第8页图 尤卡坦半岛北部普克玛雅遗址的众神面具。

19世纪中叶，约翰·劳埃德·斯蒂芬斯和弗里德里克·卡瑟伍德等探险家深入墨西哥南部及危地马拉的热带森林心脏地带，挖掘了曾经辉煌绚烂的废墟，让玛雅文明重见天日。自那以后，古玛雅文明的魅力就长盛不衰，让专家和爱好者们心驰神往。金字塔和宫殿装饰点缀着雕塑和浅浮雕，勾勒出一幅富饶奢丽的社会图景：这个社会由雄心勃勃而又高雅精致的精英阶层统治，他们既能使用复杂的数学和历法符号，也谙熟战争、阴谋和人祭。考古研究发掘了巍峨壮丽的陵墓、五彩缤纷的壁画、朴素的农民住宅。玛雅文字也逐渐得到破译，这个古文明不断展现出令人惊讶的新面貌。有关玛雅的一切仿佛都打上了"在劫难逃"的烙印，是"没落"的幽灵消灭了这些古代森林之王，但是这种"没落"难以解释，也让人们争辩不休。

玛雅文明凭借非凡卓越的艺术成就，一直是最耀眼的古代文明之一，其他民族的成就与之相比黯然失色。玛雅和其他文明引领"中美洲"这个文化概念长达几千年的时间，其地理范围从今天墨西哥中南部一直延伸到危地马拉、伯利兹、洪都拉斯、萨尔瓦多和尼加拉瓜、哥斯达黎加的部分领土。首先，为了把握玛雅文明的历史文化轨迹——尤其是其起源和"没落"——我们必须检视与玛雅比邻而居的族群。首当其冲的，便是地狭地区奥尔梅克文明的族群：是的，奥尔梅克文明的起源要远远早于玛雅文明的诞生。进而言之，我们也当关注其他尽管边远但同样重要的族群，比如萨巴特克、特奥蒂瓦坎和阿兹特克：三者都在玛雅和奥尔梅克西北方向的地域繁荣兴旺。中美洲的历史就是这些族群及其相互关系的历史。"文化统一"和"地域多元"之间的辩证运动给这段历史打上了深深的烙印，诞育了一段常常以"文化对立"的形式演进的进程：东南热带低地诸族群与墨西哥高地

第10—11页图 帕伦克即景，弗里德里克·卡瑟伍德绘。19世纪中叶，卡瑟伍德的绘画和约翰·劳埃德·斯蒂芬斯的描述成功在欧洲和美国激发了公众重探玛雅文明的兴趣。

诸族群的不期而遇、交流碰撞。

本书关注中美洲两大文化中心之一：位于东南热带地区的奥尔梅克和玛雅文明创造的两大文化传统相互交流影响。不过，谁是奥尔梅克？谁又是玛雅？尽管奥尔梅克这个名字指的是公元前1200到公元前400年间发展起来的特定考古文化，但他们的子孙几千年来一直居住在特万特佩克地峡各区，使用的语言也属于米塞-索克语系——今天他们依然生活在那里。这并不是说数百年来这些族群自认"奥尔梅克人"（事实上这个名字纯粹是约定俗成），但地峡地区的种种文化表征确是奥尔梅克的一分子：即便经历了一次次的"没落"、复兴和外部文化输入，从方方面面来讲奥尔梅克都是一个不曾中断的传统。使用奥尔梅克语系语言的人今天仍然住在墨西哥的地峡地区，似乎正是语言学因素决定了这种连续性。这就意味着，三千多年来讲米塞-索克语系语言的族群一直住在墨西哥湾沿海湿地（今天的韦拉克鲁兹州和塔巴斯科州），西恰帕斯州，广袤的格里哈尔瓦河谷（也称中央洼地），肥沃的恰帕斯和危地马拉海岸地区（也称索克努斯科）。玛雅（意即所说语言属于玛雅语系的人）今天依旧居住在尤卡坦半岛低地和佩滕雨林地带，穿境而过的有乌苏马辛塔河和帕西翁河这样的河流，还有恰帕斯高原和危地马拉高原这样的高原。同样，我们在提及"玛雅"的时候，这个概念并不能指代一个数千年来一成不变或是统一的文化。玛雅，这是一个具备诸多地区性和历史性特征的大文化传统。

如此一来，我们讨论的便是两个各自演变、比邻数千年的语言文化"大传统"。数百年来，两者接壤的边境地带（比如东临墨西哥湾的滨海地区，中央洼地的西部，还有太平洋海岸与恰帕斯-危地马拉高原之间的过渡地带）是两种传统的文化互动、交流和冲突的区域，为该地区的整体历史演进做出了杰出的贡献。

各地区之间的互动经久不息，也有着共通的环境特征。因此，奥尔梅克、玛雅等中美洲族群也共享农作物，他们高度仰赖玉米、南瓜、豆类和胡椒的种殖——以及与宇宙、神灵和时间感知有关的文化观念。自公元前2500年开始，中美洲文化传统的这一"内核"已然演进了数千年，其中的中美洲地区也星罗棋布着各个小型农业带。文化语言高度多元化的族群在中美洲地区以不同方式将这种传统内核发扬光大。奥尔梅克和玛雅世界的历史事件告诉我们，一些古代农业村庄演化成了权力中心，快速阶层化的复杂社会的统治者就定居在这些地方。相应地，这些社会建起了辉煌壮丽的酋长国首都和王国首都。从公元前1200年算起，这些国家就主导了中美洲的历史舞台，上演了历时千年的兴衰历史，打造了登峰造极的文化和艺术成果。

有些王国注定会与遥远世界的人不期而遇：骑马的人，使用火器的人，崇拜其他神灵的人。正是这些人最后征服了印第安各族，开启了一段漫长的殖民剥削史：为期数百年的强制劳役，文化宗教高压，还有人口大灾难。甚至在西属殖民地赢得独立之后，殖民主义依然威胁着印第安人的生存。虽则如此，各族群还是得以凭借暗中的种族抗争保存并且再造了他们的自身认同。尽管饱经磨难，古代奥尔梅克和玛雅人的子孙后代今天依然生息繁衍于中美洲的土地上，自豪地宣扬他们的文化认同和千年历史：他们的历史留待诉说。

第13页图 古典玛雅雕塑珍品。这是皮德拉斯·内格拉斯城（危地马拉）某座雕刻王座的背面。每座玛雅城邦都有自己的流派，缔造了风格上的多元性：这也是玛雅艺术中一大激动人心之处。（普埃布拉，安帕罗博物馆）

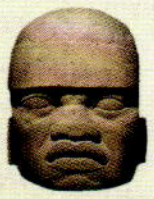

前古典时代早期

（公元前2500年—公元前900年）

前古典时代早期见证了中美洲地区农业和定居点的逐渐发展，与之相伴的还有人口的缓慢增长。定居农业村庄的诸族群大都建立了平等社会，但第一批等级形态的社会也于公元前1400年左右出现在恰帕斯地区和太平洋沿岸。公元前约1150年，雄伟壮观的圣洛伦索市在墨西哥湾沿岸横空出世。这是奥尔梅克文明的第一个中心，也是奥尔梅克向地峡地区扩张的主导力量。

前古典时代中期

（公元前900年—公元前300年）

前古典时代中期标志着奥尔梅克文明的极盛期，也见证了拉文塔和特雷斯・萨帕特斯等文明中心的成型，最早形态的玛雅文字也在这些大城市初露峥嵘。在这一时期，奥尔梅克艺术风格传播到了中美洲大部分地区。同样在这一时期，玛雅地区的首批文明中心也出现了，特别是在伯利兹周边地区和中央低地。其中最负盛名的要数纳克贝和埃尔米拉多尔，它们都是玛雅世界第一批中央集权国家的首都。

前古典时代晚期

（公元前300年—公元250年）

这一时期墨西哥湾附近的标志性事件是奥尔梅克统治的垮台和新的米塞-索克诸酋长国（比如塞罗・德拉斯梅萨斯和伊萨帕）的崛起。玛雅文字和历法系统（即“长计历”）也开始在这一地区盛行。在玛雅地区，前古典时代晚期可谓是一段城市化非凡发展的时代。最为重要的几座玛雅城市兴盛繁荣，其中就有中央低地的蒂卡尔和危地马拉高地的卡米纳尔胡尤。

古典时代早期

（公元250年—公元600年）

在古典时代早期，上一个时期出现的政治实体享受了一段兴盛至极的时光。它们不但遍及墨西哥湾沿岸（塞罗・德拉斯梅萨斯），在玛雅地区也比比皆是。蒂卡尔渐能控制中部低地的大部，这座城市也与邻近的卡恩竞逐霸权。此外，数不胜数的新王朝也遍布于玛雅地区。碑（坛）建筑成为玛雅世界的主要纪念性建筑，它们也与迅速扩张的玛雅铭文共同服务于历史记载和宣传之用。而在中墨西哥地区，特奥蒂瓦坎成为中美洲的最大城市、一个强大中央集权国家的首都。

古典时代晚期

（公元600年—公元900年）

特奥蒂瓦坎灭亡、蒂卡尔暂时衰落之后，古典时代晚期最突出的特色便是诸古典社会的极盛期。在太平洋沿岸、墨西哥湾周边（中韦拉克鲁兹、埃尔塔欣），彼此相异的各地文化均有发展。玛雅低地也成为各大城市之间大相竞逐的舞台：比如蒂卡尔、卡恩、帕伦克、雅克奇兰和科潘。这个时代终结的标志后来被称之为玛雅文明的所谓“没落”，这次全面爆发的政治危机使得南部低地的各主要城市废弃零落。不过，这场危机并未对北部的玛雅地区造成同样影响。

后古典时代早期

（公元900年—公元1250年）

后古典时代的特色是古典时代没落之后政治格局的更新，标志性事件就是北部人口开始南迁进入中美洲。第一批多种族政治实体（比如托尔特克首都图拉）在这一时期成型，书写文字的急剧衰落也发生在这一时期。羽蛇神崇拜和托兰城传奇遍传中美洲地区，也开启了一个大规模的文化规范的时期，尤卡坦半岛奇琴伊察的崛起就是明证。

后古典时代晚期

（公元1250年—公元1519年）

上个时期各大型中央集权国家纷纷瓦解，这在不少中美洲地区都制造了政治分裂。在玛雅地区，中心城市玛雅潘崛起，统治该地约两百年。之后一段时间里，不少小型独立王国继之而起。在墨西哥湾沿岸，托托纳克各城邦（比如塞姆博拉）繁荣起来。在墨西哥中部，墨西加人修建了特诺奇提特兰城。这座城市逐渐控制了当地的政治版图，为数繁多的独立城邦都在其统治之下。最终，特诺奇提特兰也成为中美洲史上最为强大兴盛的帝国的首都。

第16—17页图 科潘玛雅H石碑近景特写，描绘了统治者“十八兔王”。绝大多数玛雅艺术品都充作政治宣传之用，旨在赞颂统治者的荣光，弘扬他们的功绩。

第18—19页图 乌斯马尔城。该城是尤卡坦半岛一座重要的“普克风”城市，巫师金字塔的宏伟规模支配着这座城市。

第20—21页图 玛雅人是美洲唯一一个发展出浮雕文字系统的族群，这种文字主要用来记载历史和宗教信息。

1

奥尔梅克及玛雅文明的诞生（公元前1600到公元前300年）

中美洲东南部定居型农业族群的最早踪迹可以追溯到前古典时代早期（公元前2500—公元前900年）。公元前1600年左右，米塞-索克语系的诸族群在索克努斯科地区、恰帕斯和危地马拉沿海地区的沃土上建立了第一批村庄。最早的小型农庄遗迹位于墨西哥湾沿海地区和格里哈尔瓦河沿岸，它们同样是米塞-索克语族群的定居地，时间远溯至约公元前1400年。这些古代农庄落址于此并不意外：太平洋沿岸，格里哈尔瓦河谷和墨西哥湾沿岸都是中美洲地区最为富庶的所在，拥有肥沃的土壤和充足的水源。玛雅地区的第一批农庄则在数百年后拔地而起，它们主要集中在今天的伯利兹境内，以及危地马拉和洪都拉斯境内的莫塔瓜河流域一带。

显而易见的是，公元前两千纪中叶建成的这些农庄并非无中生有，而是从先前的狩猎—采集族群演变而来。这些狩猎—采集族群懂得如何利用重要的自然资源，比如沿海潟湖里的虾类和贝类。目前尚无证实远古狩猎—采集者与第一批农民之间的语言有直接的延续关系，但即便如此，历史语言学的相关研究也有力地证明，其中确实存在连续性。研究显示，玛雅语和米塞-索克语系的原型至少早在公元前2000年的中美洲东南地区就已经有人讲了。

有关中美洲东南地区早期农业社区的发展次序，最重要的证据出土于恰帕斯太平洋沿岸的索克努斯科地区。公元前1600年，米塞-索克诸农业社群正是在这里勃兴壮大。这些农民用丰盛的海产资源补充他们对粮食作物的需求，他们使用精巧的陶器（名为“巴拉陶器”），从远方进口翡翠和黑曜石这样的名贵商品，他们甚至还玩球类运动——帕索·德拉阿玛达（恰帕斯）遗址的一处古代球场向世人展现了这一点。

似乎就在公元前1400年，对商品进口、政治活动和仪式性活动（比如球类游戏）的通盘控制催生了新型的统治集团，他们的权力已经赢得了世袭地位。帕索·德拉阿玛达的出土文物将其中一位贵族大人物可能数次重建过的住所展露于世。这些贵族被认为是神的后裔，他们借助联盟和庇护的网络控制了当地政局。

这些网络的维系和巩固是通过物品的分配仪式达成的，这些物品包括翡翠、黑曜石和玉米可可——一种由可可粉（索克努斯科一直都是主要产区）和玉米（作为异域产品从危地马拉高原进口）混合而成的饮料，盛放在巴拉锅里。阶层社会的模板就此形成，并很快就在许多中美洲地区推行。墨西哥湾沿岸尤其如此，占据这里的正是米塞-索克语的族群，他们与索克努斯科的语言相似地带有着紧密联系。在当时，索克努斯科可是中美洲东南地区最具活力和开创精神的地方。可以明确的是，地峡地区即便在这段文明的早期也是一个语言统一的区域，索克努斯科诸族群也就是莫卡亚族扮演了关键作用。

不过，各地区间的平衡很快就发生变化。约公元前1150年墨西哥湾沿岸地区接过了霸主头衔、直接控制了索克努斯科地区，他们靠的大概是娴熟的外交政策和军事同盟。中美洲东南地区新政治格局的重心所在乃是圣洛伦索（韦拉克鲁兹），这里也是最古老最重要的奥尔梅克酋长国首都。

第23页图 此图展示了圣洛伦索遗址（韦拉克鲁兹）的5号巨石头像。（墨西哥城，国立人类学博物馆）

第24页图 位于恰帕斯州帕索·德拉阿玛达的4号建筑乃是现存最早的中美洲酋长住所遗址，也是社会分层进程的鲜活例证。约公元前1400年始，社会分层开始在太平洋沿岸的莫卡亚族那里发端。

第25页图 拉斯·利马斯（韦拉克鲁兹）之主。这尊翡翠材质的雕像描摹了一名统治者形象，只见他手持一尊“美洲虎人”。这只神兽代表的大概是年轻的玉米神。（韦拉克鲁兹州，哈拉帕市人类学博物馆）

从前古典时代开始，中美洲各族群就达成了一种独具特色的等级制分层社会结构。之后一千年里，这种社会结构虽在复杂性上各有千秋，但在本质上则是一以贯之：个体的不同职业反映了这一点。

各族群的绝大多数人口都是农民，他们主要耕种玉米、大豆、南瓜和胡椒。除这些主食作物之外，尚有家养动物（比如火鸡）和野生动物（比如鹿、犰狳和一种名叫“贾巴利”的小野猪）的肉食作为补充。

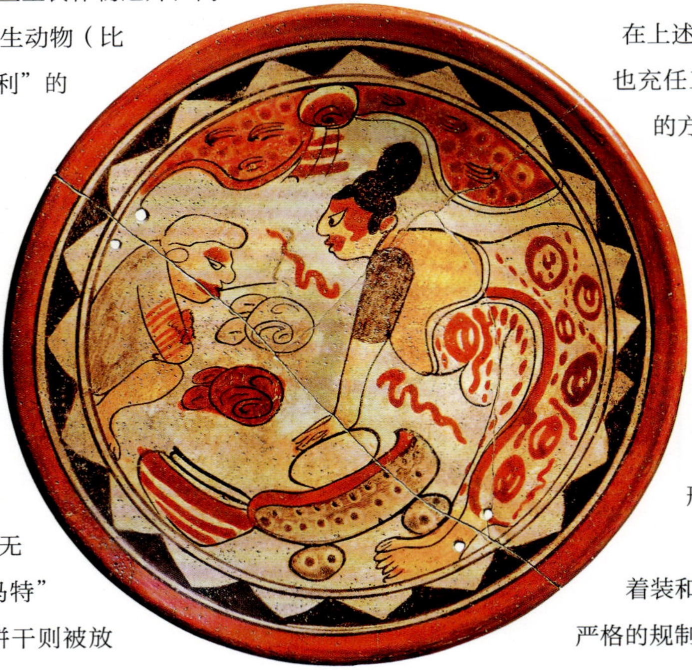

人们把玉米放入石灰水中煮沸以松脱表皮，接着碾成玉米面团“马萨”。这种混合物可做多种食物的原料，最为重要的就包括不同种类的液体玉米饮品：玉米粥、玉米酿和烘焙玉米浆，还有墨西哥粽。大块“马萨”则被包在玉米皮里，放到无柄水瓮也就是所谓的“特克马特”里蒸煮。碎玉米粉做成的小饼干则被放到名为“克马尔”的赤陶浅锅里烹调，这款菜肴到公元1000年末期已在墨西哥中部大行于世：西班牙人后来将这些小饼干命名为“墨西哥薄饼”。菜式各异的蔬菜汤差不多也是他们膳食结构的重要一环。就像本书讨论的其他食品一样，这些蔬菜汤在今天墨西哥人的饮食里依然非常流行。

自给农业是当时农业的主要形态。从经济学角度而言，每家每户都是温饱自足的，粮食交易并不是很普遍。名贵之物如可可豆，也只有贵族阶层方可交易。可可豆被用于制作一种饮料：从高处将一个器皿中的可可饮品进放另一个器皿里，由此产生的厚重泡沫被认为是最为美味的部分。

在上述等级制社会里，农民（他们也充任工匠）被要求以商品和劳务的方式赞颂贵族阶层。

贵族阶层一直以神之后裔自命，免于农事劳动。他们打发时间的方式多种多样：政治管理和宗教活动，艺术品，战争，还有奢侈品交易——不用硬币，而是以物物交换的形式。

严苛的阶级差异也体现在着装和饰品上，对它们的使用均有严格的规制。比如说，只有贵族才能穿凉鞋，戴上披肩和昂贵的头饰，配上玉器和绿松宝石。阶级边界很难跨越。比如说在阿兹台克时期，平民成为贵族的唯一途径就是参军打仗，这也是人所公认的国之大事。奴隶制颇为罕见，在经济上也价值不大：它们仅限于战俘和欠债人，重获自由的途径也有很多。

第26页图 玉米素来被认为是中美洲文明的典型植物。这尊玛雅花瓶描绘了一名碾磨玉米的妇女，她用的是典型的黑陶磨石，也称“梅塔特”。（耶路撒冷，以色列博物馆）

第27页图 这尊“可可神”的身躯是由一堆可可种子构成。可可豆可用来制作各式各样的饮料，在玛雅各地都是贵族享有的东西。（危地马拉城，国立考古学博物馆）

第28页图 奥尔梅克巨神头像——这里展示的是圣洛伦索（韦拉克鲁兹）的8号头像——大概就是在统治者身后为他们精心制作的纪念肖像。他们写实主义的面部特征证实，这些作品都是发展成熟的肖像画了，但并非什么理想化的形象。（韦拉克鲁兹州，哈拉帕人类学博物馆）

第29页图 奥尔梅克面具，用半宝石制成。在前古典时代中期，这些面具属于最为重要的奢侈品之一，交易遍布整个中美洲文化区域。

圣洛伦索定居点（韦拉克鲁兹）建于公元前约1150年，基址是一片人为开辟的台地。这里俯瞰着墨西哥湾沿岸的大片平原。中美洲第一座大型“纪念性城市”占地约688公顷，由土质的公共建筑、宗教建筑和雄伟的玄武岩雕塑组成。

从政治角度而言，圣洛伦索是一个复合制酋长国的首都，君主住在纪念性城市，统治其他由贵族统治的小规模的纪念性中心以及数不清的农业村庄。奥尔梅克酋长国的经济结构有赖于沿海泛滥平原的农垦，这里河流、泻湖和湿地组成的庞大水网带来了充足的水产资源（比如鱼类和贝类）。研究认为农民通过商品和劳务的形式向精英阶层成员进贡。这些精英很有可能是因为贵族祖先与平民区别开来。我们对精英阶层的政治和行政分工一无所知，但很明显他们掌控着城市的政治生活，也与远方各地建立关系：主要是交易奢侈品、建立外交和军事同盟。圣洛伦索的贸易网络一直延伸到西恰帕斯——奥尔梅克人进口铁矿石和可可豆、琥珀这样的商品——还有瓦哈卡和中墨西哥的边远地区，那里的出土文物也反映出奥尔梅克的艺术影响力广为传播。圣洛伦索似乎对索克努斯科这块莫卡亚族的发源之地有着更加直接的影响。

纪念性雕塑的存在（这也是当时圣洛伦索城区之外仅存的雕塑）说明某个精英阶层与首都城市有直接的联系，这种联系很有可能是通过联姻建立的。

圣洛伦索的主要商贸和政治关系涉及了西恰帕斯和索克努斯科这样的米塞—索克语地域，这意味着即便是在历史发展的早期，地峡地区也已是一个在语言、文化和政治上卓有成效的“同语族”地区，由奥尔梅克政权统治。

但在公元前两千纪晚期，圣洛伦索并不是墨西哥湾沿岸地域唯一的奥尔梅克酋长国。尽管我们对这一时期奥尔梅克政治结构知道的并不多，但像拉文塔、拉古纳·德洛斯塞罗斯和特雷斯·萨帕特斯这样的城市，也很有可能充当着它们各自政治领域的首都角色。这些城市拥有类似的政治和经济结构，信仰体系也颇为相似。

圣洛伦索这座纪念性中心的装饰雕塑是这种信仰的最佳佐证。这些庞大无比的纪念雕塑——被误指为祭坛——也许正是古代中美洲最为清晰的一部“政治宣言”。雕塑的正面、一只张着大嘴的地妖怪代表了端坐在洞穴边缘的统治者。有时候这位仿佛是从地球内脏里跑出来的统治者会手握一只“美洲虎人”，那是地下世界超自然力量的象征。浮雕的重大意义在于，它明明白白地暗示了一套广为人知的中美洲宇宙观。统治者居于宇宙中的重要位置，站在那道分隔人类世界和“生存之山中心”的门槛之上。饮水和丰收诸神掌管着生存之山，那里也收藏着人类、动物和植物的“种子”。如此一来，统治者就被打扮成上述力量的中间人，负责人们的福祉和玉米地的产能。但这些王座也告诉了我们其他一些信息：这些重达数吨的玄武岩巨石是从几英里以外的采石场开采而来的，直观地证明这位君主成功组织并供养了搬运和雕刻巨石所需的工人。

有时，这些王座经过重新雕刻，有效转变成统治者的巨石头像。

巨石头像的威力可不仅仅源自它们的庞大身躯，同样也来自它们精巧均衡的对称和鲜明简单的细节。巨石头像在中美洲艺术史上首次让人们有机会观察特定人物的体貌特征，比如说偏远地区的政治领袖。这些王座可能就是在国王死后被改造成巨石头像。旧王驾崩后，王座似乎就将变成一尊葬礼纪念品，在纪念中心的某处存续旧王的记忆。

从公元前1000年至公元前900年，圣洛伦索都是奥尔梅克的主要城市（其实就是前古典时代的开端时期，公元前900年—公元前300年），之后某些未知因素让它丢掉了统治地位，由此引发了一场反响巨大的危机，但很快其他政权就补上了这个权力真空。

第30页图 被误称为祭坛的奥尔梅克王座是统治者的座椅。这里展示的是来自拉文塔（塔巴斯科）的5号祭坛。这些祭坛外饰的图形都暗指不同时期的玉米神与人们对皇室设想的联系。（塔巴斯科州，维拉赫莫萨公园博物馆）

第31页图 始于公元前600年，遍及奥尔梅克地区的浅浮雕石碑逐渐取代了独立式的雕塑。这是拉文塔的第19号碑上受响尾蛇庇护的统治者，这条响尾蛇大概就是他的“保护神”。（塔巴斯科州，维拉赫莫萨公园博物馆）

第32—33页图 拉文塔纪念中心（塔巴斯科）由数十座夯土建筑物组成，其中引人注目的主金字塔统辖一切。这座金字塔实际上就是所谓“生存之山”的复制品。

第33页左图 拉文塔综合遗址A发现的纪念坟墓。同大量奢华衣饰一同出土的还有一尊小型翡翠塑像。（墨西哥城，国立人类学博物馆）

第33页右图 4号祭坛的王座上雕刻了一名奥尔梅克统治者，它就坐在地妖张开的血盆大口之中。地妖的上半部面庞清晰可见。（塔巴斯科州，维拉赫莫萨公园博物馆）

拉文塔遗址（塔巴斯科州）的城区发展成为新兴的强大酋长国首都。这里发现的大型纪念物（像是巨石头像和王座）都酷似圣洛伦索的同类品种。不同于圣洛伦索的是，千年之后的拉文塔没有人类居住。我们也因此得以对其原始建筑布局有一番更好的认识。这处纪念中心由数十座覆以灰泥的夯土建筑物构成，它们散布在一座大型中央广场周围。

有几座建筑物俯瞰着广场，比如体格庞大的卫城平台（它大概是个综合型建筑，充作公共和政治设施之用）和高达30.5米的金字塔，在广场遗址出土的纪念王座浮雕上也有生存之山的复制品。

这尊金字塔将主广场与综合遗址A分开，综合遗址的露台和建筑很可能代表了仪式中心，与地下世界有着象征性的联系。巨石头像——大概代表着死去的先王——在这里也有出土。巨石头像和王室墓葬一起，提供了古代仪式运作的大量证据。不过，最为惊奇的发现还是盖在上面的很多层随葬“人行道”。这些“人行道”由成吨的绿色蛇纹岩或是翡翠制成，有些铺成了类似宇宙学的平面几何图形。这些质料也复刻了一种宇宙观：大块绿色石料安埋在金字塔的地基之中，代表着生存之山之内埋葬着“丰饶”的地下水。

纪念性中心之内的仪式庆典也与丰沛的水力循环的宗教体系密不可分，不仅如此，仪式、政治和思想体系息息相关，因其合法性有赖于控制这些水力。这种诠释也可解释统治者和玉米神之间越来越频繁的象征性联系：比如说，玉米壳用来装饰王室帽子。宗教、政治和意识形态体系的模式化，以及它们在庞杂的艺术品中的图形学和符号学的表达，似乎都成了奥尔梅克文化的驱动之力，也是奥尔梅克在前古典时代中美洲何以如此盛行的原因。

在拉文塔的极盛期，斧状岩块和小石雕塑在中美洲绝大部分地区流行起来，它们描绘的是与地下世界紧密相连的超自然之物。各地区新出现的精英认为在仪式中使用这些物品使得他们变得合法，共享奥尔梅克规定的符号系统。

“奥尔梅克原料”在拉文塔黄金时代（公元前900年—公元前400年）的传播，并不一定意味着拉文塔等奥尔梅克遗址对中美洲其他地区能够行使直接权威。事实上，独立的地区性政治实体在中美洲遍地开花，它们各自的统治群体也通过密集的贸易网络彼此互动。其中，“奥尔梅克风格”似乎代表着一种通用的权力语言。

它们彼此之间的关系，以及巩固它们的外交和联姻事件意义重大，似乎在公元前700年之后的奥尔梅克“纪念艺术”中触发了一场深刻的变革。巨大的浅浮雕石碑开始慢慢取代此前一直风行的大型独立雕塑。

这场变革不仅见于拉文塔，也见于后起的特雷斯·萨帕特斯遗址。公元前600年，特雷斯·萨帕特斯已经成为墨西哥湾最为重要的奥尔梅克中心城市。描绘贵族与墨西哥湾地区奥尔梅克密切往来的浅浮雕石碑渐渐出现。恰帕斯和危地马拉的太平洋沿岸（皮吉贾潘、祖祖库里和塔卡里克·阿巴吉遗址）和西恰帕斯（恰帕·德·科佐和圣伊斯德罗）与奥尔梅克文明有着紧密的联系。种种迹象显示，米塞–索克语系诸地区之间的关系一直在演变中。

不过，“可携带”的奥尔梅克物品在这一时期传播远至中墨西哥、格雷罗和瓦哈卡这样的边远之地，这些地区的新型政治结构正在孕育之中，它们势将变得极端重要。

第34页图　这尊翡翠制成的纪念石斧描绘了一名奥尔梅克神祇，标志性的“火焰眉毛”差不多正是新兴玉米神的具象。（伦敦，大英博物馆）

第35页图　这幅奥尔梅克胸甲的残片描绘了一张人脸。胸甲左上方的两个玛雅文字显示该胸甲在雕刻完成后几百年玛雅人还在使用它。（伦敦，大英博物馆）

第37页上图 这尊奥尔梅克雕刻描绘了一个拥有典型奥尔梅克面部特征的人物。类似的小雕像在前古典时代的中美洲地区可谓极为流行、无处不在。（墨西哥城，国立人类学博物馆）

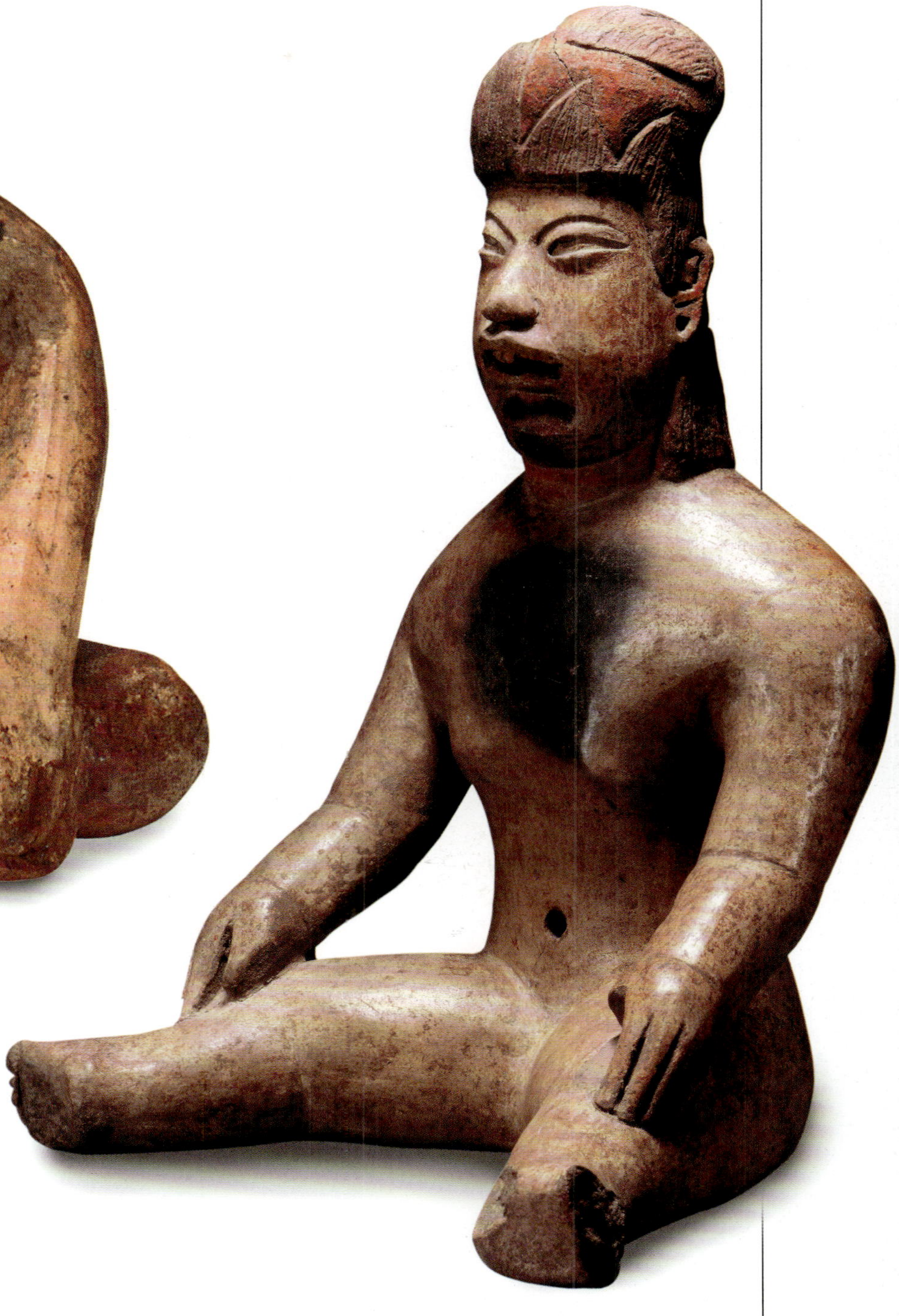

第36页图 前古典时代是中美洲各个地区文化大发展的岁月。这枚陶瓷头像的发源地特拉蒂尔哥就是其中一个地区，它勃兴于墨西哥盆地。（墨西哥城，国立人类学博物馆）

第37页下图 这尊赤陶制成的奥尔梅克雕刻中描绘的人物，畸形头骨之上戴着一套复杂的帽饰。儿童似的躯体可能暗示了儿童重要的象征意义。（墨西哥城，国立人类学博物馆）

第38页图 这尊赤陶雕像描绘了一名摆出柔术造型的人物，从墨西哥中部特拉蒂尔哥的一处墓地出土。（墨西哥城，国立人类学博物馆）

第39页图 这尊名为“摔跤手”的雕塑乃晚期奥尔梅克上乘雕塑中最杰出的代表。（墨西哥城，国立人类学博物馆）

第40页图 制自嵌花翡翠的奥尔梅克面具，来自格雷罗地区。（私人藏品）

第41页图 绿色石块，与“水源”和“丰饶”有关：它们都是奥尔梅克宇宙观和政治意识形态里的基本概念。（美国，丹佛艺术博物馆）

第42页图　这尊奥尔梅克面具由白色翡翠雕刻而成，佩斯克罗河出土。（韦拉克鲁兹）（私人藏品）

第43页图　这尊来自哥斯达黎加的奥尔梅克面具描绘了一个典型的奥尔梅克“美洲虎人”。（美国，丹佛艺术博物馆）

第44页图 卡米纳尔胡尤城是前古典时代危地马拉高地最重要的玛雅中心之一，也是出产雕塑的一个重要遗址。左边的9号石碑可追溯至公元前700年到公元前500年之间；右边的11号石碑则可追溯至公元前200年至公元前100年之间，描绘了一名玛雅统治者。（危地马拉城，国家考古博物馆）

第45页图 这尊奥尔梅克雕像来自克鲁斯·德尔米拉格罗（韦拉克鲁兹）。尽管名为“王子”，但这尊雕像很可能（像其他相同型制的雕像一样）描绘了一名来自奥尔梅克统治下的政治边缘地区的长官。（墨西哥，哈拉帕人类学博物馆）

奥尔梅克时期低地玛雅文明和两大文明之间的关系几乎不为人所知。在圣洛伦索的极盛期，玛雅地区的大部差不多还都是狩猎-采集部落的地盘。唯有在这座重要的奥尔梅克中心（圣洛伦索）衰落之后，为数众多的农庄才开始在危地马拉和尤卡坦半岛的热带低地繁盛起来。在低地的西缘，塞巴尔和阿尔塔·德萨克里菲奇奥斯两处遗址都建在乌苏马辛塔河和帕西翁河附近，主人可能就是讲米塞—索克语的定居者。而在尤卡坦半岛的东侧（今天的伯利兹），这是这一时期最具文化生机的玛雅地域，像是奎略、科尔哈、巴顿·拉米埃、诺穆尔和卡哈帕奇这样的村镇也先后兴起。那些后来成为重要城市的各大中心（比如蒂卡尔、瓦夏克通、西瓦尔、圣巴托洛、里奥阿苏尔、纳克贝和埃尔米拉多尔）也在危地马拉的佩滕雨林地带建立起来。玛雅文化在马莫姆时期（公元前850年—公元前300年）迅速发展，由说玛雅-克兰语的定居族群主导。约公元前600年是马莫姆时期的巅峰，该地区也建立了第一批等级制社会，其中最重要的是蒂卡尔-瓦夏克通和米拉多盆地。埃尔米拉多尔和纳克贝位于米拉多盆地，它们的兴建者很可能来自伯利兹。纳克贝也是米拉多盆地第一个跃居大型都会之列的中心城市。到公元前500年为止，纳克贝聚集了大量财富，建设了许多涂有石膏和灰泥的巨型石制建筑，以及描绘贵族国王形象的浅浮雕巨型石碑。

同一时期的危地马拉高地也经历了类似的发展进程，卡米纳尔胡尤建于约公元前800年。大约公元前600年开始，这处定居点经历了一番建筑热潮，它也因此成为玛雅高地地区最为重要的城市。

玛雅地区各重要区域性文明的迅速发展，也就成为公元前600年到公元前300年这段时期的最大特色。

它们的初步发展也恰好与奥尔梅克拉文塔王国的兴盛期相合。我们尚不清楚拉文塔和其他地峡地区的定居者在第一个玛雅政治实体的诞生中扮演了何种角色，因为没有直接的证据表明双方有过任何联系。不过，同一时期的低地玛雅诸王国也不大可能在与地峡地区不相往来的情况下独立发展。两地在格里哈尔瓦流域建立接触是有可能的，重要的索克据点拉利伯塔德就位于那里。而在低地的西缘，讲米塞—索克语的定居者创建了塞巴尔和阿尔塔·德萨克里菲奇奥斯这样的中心，两地后来都成为重要的玛雅城市。纳克贝古代石碑上奥尔梅克图像元素的出现似乎证实了它们有过接触，只不过接触规模我们仍然不甚清楚。

不过可以确定的是，玛雅低地的新型政治结构打破了奥尔梅克世界的均衡，引发了拉文塔和拉利伯塔德两地的没落（约公元前400年）。

上述事件似乎触发了米塞—索克世界的一场危机，并在此后的两个世纪里余波荡漾，特雷斯·萨帕特斯（韦拉克鲁兹）、恰帕·德·科佐（恰帕斯）等格里哈尔瓦河上游城市都深受影响。

拉文塔的衰亡标志着奥尔梅克文化自身的终结，墨西哥湾地区对中美洲大部的支配也告一段落。不过，这并不意味着米塞—索克各族群从中美洲政治舞台中就此消失了。事实上在公元前300年之后的数百年里，玛雅人和后奥尔梅克时代的米塞—索克诸族群之间依旧有着密集且记录在案的互动，这些互动催生的文化和政治成果是之后几百年间塑造历史格局的根本力量。

2

地域性传统的兴起
（公元前300年到公元250年）

公元前300年左右（前古典时代晚期的发端，公元前300年—公元前250年），一场大型危机（也许正是米拉多盆地的玛雅人扩张所致）震撼了米塞—索克语世界。在奥尔梅克地区，拉文塔已经没落了一个世纪之久，特雷斯·萨帕特斯也在快速衰落。在中央洼地，索克人在玛雅各部的压力之下遗弃了拉利伯塔德，位于西恰帕斯的索克人遗址恰帕·德·科佐出土的同时代文物，也反映了玛雅文化的近距离影响。出于某些尚不清楚的原因，公元前300到前200年之间的危地马拉高地经历了文明的废弃和毁灭事件。也许，这些废弃和毁灭正是在与扩张中的低地国家发生冲突之后。当然毫无疑问的事实是，米拉多盆地的玛雅王国乃是这一时期中美洲东南地区最为强大的政治实体。重要的中心城市如纳克贝和卡拉克穆尔都位于米拉多盆地，臣服在埃尔米拉多尔的权威之下。埃尔米拉多尔，在公元前200年成为一座大都会。

埃尔米拉多尔的公共建筑体格庞大，建成了一座堪称玛雅地区自古以来最大的石制大厦。不但如此，建造过程中它还用了大块石板材的结构、只有短边露在外面，这就大大增加了建筑所需的粗削石数量。管理公共劳力的重要性显然（这在奥尔梅克的庞大社会结构里一样明显）已经成为社会管控的一大关键机制。人力资源被用来修建大型工程，这些建筑物的构型基于宇宙模型，充作复杂仪式活动的背景板。与此同时，浅浮雕大石碑的建筑风俗则在衰落，原因很可能是因为装饰着“诸神面具”的大型建筑物的兴起，这种建筑物也成为同时期玛雅建筑的标志。

第47页图 大多数的玛雅艺术品都是赞颂古代统治者的荣光。图示为雅克奇兰（恰帕斯）出土的53号过梁的特写，上面是伊茨扎姆纳吉·巴兰二世王的肖像。

第48页上图 这幅泥塑檐壁装饰的是卡拉克穆尔（公元前400年—公元前200年）II号建筑的C部，壁画显示的是“创始之山”的复制品。（墨西哥城，国立人类学博物馆）

第48页下—第49页图 这幅着色泥塑檐壁描绘了一位国王，两侧都有古代神祇拱卫。这块檐壁是普拉塞雷斯遗址（坎佩切）的失窃物，可追溯至古典时代早期。（墨西哥城，国立人类学博物馆）

第50页图 神圣之树挺立在宇宙中心，将地球与天空连结起来。绘制于伊萨帕遗址的25号石碑。巨型短吻鳄的上半身代表地妖。我们还能看到，一个人高擎的旗帜顶上有一只鸟的形象，代表了天空中的神祇。

据多项考古发现显示，古典时期玛雅宗教根基的信仰和思想体系，早在前古典时代就已经存在了。从宇宙学的角度来说，宇宙被想象为一系列交叠起来的层级：天国13层，地下世界9层。人类居住的地球位处两者之间。一株宇宙木棉树——名为大母亲——将宇宙的各个层级统合起来，威力巨大的萨满和国王的元神或精魂盘踞在树干上。

在宇宙的四个角落里则有四名以老人形象出现的“帕瓦赫顿”或“巴卡布”。四名老人和中央之树合在一起构成了一幅由四点组成的图景，其排列方式就像是一块带有中心点的广场四角。

这便是“五点梅花”图案，玛雅地区分布最为广泛的宇宙图式。这种图式也在各式各样的艺术品中有所体现。

玛雅诸神核心是超自然、隐秘且变化多端的。他们可以呈现百变千态，因此，我们试图概括玛雅万神殿（同样是不太恰当的说法）是极其复杂的。

第51页图 这尊名为“乌斯马尔女王”（尤卡坦）的雕像事实上描绘了一名现身于大开蛇口之中的男人。这条蛇也是为数众多的神祇的一种表现形态，他们都位居中美洲的万神殿之列。（墨西哥城，国立人类学博物馆）

这尊大天神名叫“伊察姆纳”，被描绘成了一条龙的形象。伊察姆纳也可以化身为鸟展示他的“另我”。太阳神金，行走在天上，但在夜间会化身为美洲虎战士投身于地下世界，并在第二天早晨以胜利之姿重现世间。在路途中，太阳神的“孪生哥哥”金星会做他的先导。金星的运行轨迹在玛雅人的战争里至关重要。这两个天体在玛雅大型史诗集《波波尔·乌》里以神圣孪生兄弟的形象出现：“金星神胡恩”（“一主”，金星）和“亚克斯·巴兰”（“第一美洲虎”，太阳），兄弟二人下临亡者之国，与地下世界的诸神玩球，再以星体之姿重现天空，他们是玛雅王权的两大雏形。

雨神查克拥有长长的蛇形鼻，总是挥舞着一把巨斧，也正是用这把斧子劈开云朵。尽管雨神常被认作天神，但他与生存之山的 “丰饶宝藏”有着渊源。如此一来，雨神和为数众多的地神联系到了一起。地球被想象成一只名为“卡瓦克”的怪物，其形态是一只名叫“伊兹阿姆·卡布·阿依因”的大鳄鱼，或是一只体态庞大的龟甲。玉米神“胡纳耶”从大乌龟的背部不断“重生”。玉米神的显形“小丑神”常常见于王室的帽饰，印证着王室和玉米神经久不息的连结。另一个与王室休戚相关的神是卡维尔神，也就是王室精血之神、真正的王朝守护神。卡维尔神别具一格的蛇腿绘制于玛雅诸王手持的权杖之上。而在亡者世界的诸神里，尚有两个最为重要：一个是有着干瘪老人形象的一死之神，嘴里总是抽着雪茄；还有一尊骨瘦如柴的神，殖民地文献称之为“阿普切”，无肉之神。

第52—53页图 这是一尊羽蛇神的雕塑，出自奇琴伊察的尤卡坦城。虽然这尊源自墨西哥中部的神在古典时期的玛雅艺术品中有所体现，但它在玛雅地区的广为流行在后古典时期才实现。（墨西哥城，国立人类学博物馆）

第54页图 这尊帕伦克城的香炉描绘了太阳神金的形象，太阳神是玛雅主神之一，他的特征可从其双眼和突出的舌头之间标志性的“蜷曲”体现出。（墨西哥城 国立人类学博物馆）

第55页图 球场遗址出土的标识物上雕刻着一幅尊者献祭的图景。球戏是与玛雅王室相关的一种重大仪式，王室中也进行向太阳和金星的崇拜仪式。（墨西哥城，国立人类学博物馆）

第56页图　这副死亡面具描绘了一位国王的尊容，獠牙暗指美洲虎，一种代表着地下世界的动物，昭示该王已死。（坎佩切，富埃尔特·德圣米格尔博物馆）

第57页图　这尊来自玛雅潘的香炉中描绘了雨神查克。（墨西哥城，国立人类学博物馆）

玛雅其余各地也许是受到了繁荣强盛的埃尔米拉多尔的推动，公元前300年之后，小型农业区域开始演变成为复杂的政治实体。尤卡坦半岛北部的尤卡坦玛雅人聚居于埃兹那和兹比查尔敦这样的遗址周边。在伯利兹，塞罗斯城成为地区性王国的首都，同时，佩滕雨林中部的克兰—玛雅人则在西瓦尔、蒂卡尔和瓦夏克通这样的遗址着手修建了大量建筑工程，拔地而起的一座座公共建筑上装饰的面具与北方地域的面具极为相似。玛雅低地在很短的时间里就布满了诸多新定居点，逐渐形成了一种复杂的政治格局，诸国都笼罩在第一批大型扩张国家的阴影之下。

即便如此，玛雅诸王国的兴起当然并不意味着地峡地区奥尔梅克文化的终止。比如说在奥尔梅克都会区的北部，塞罗·德拉斯梅萨斯（韦拉克鲁兹）遗址就从公元前400年开始迎来了一段全盛期。比肩恰帕·德·科佐和特雷斯·萨帕特斯，塞罗·德拉斯梅萨斯成为所谓“埃皮–奥尔梅克”文化的一大重镇。换言之，“埃皮–奥尔梅克”就是后奥尔梅克时代米塞—索克诸族群的新文化格局。

这段新的文化期曾被视为奥尔梅克文化的“衰落”时刻，现在人们则认为那是一个重要的文化活跃时期，且与越来越活跃的玛雅世界有着紧密的联系。拉文塔的衰亡可能驱使米塞—索克各族群前往乌苏马辛塔盆地，从而进一步促成了各种族间的联系。这与之前格里哈尔瓦流域、太平洋沿岸—危地马拉高地之间过渡地带一定发生过的故事也颇为相似。吊诡的是，恰恰是在奥尔梅克文化衰落的时候，这些接触反而将许多奥尔梅克元素引入了玛雅世界。近期发现的证据来自圣巴托洛（危地马拉）非比寻常的壁画，它们远可追溯至公元前100年。玉米神授勋仪式的非凡场景反映的是典型的玛雅画风，但神的面容却是纯粹的奥尔梅克风格。这幅壁画大概源自奥尔梅克，玛雅世界从那里引入了古代王权概念，促成了王权与玉米神的结合。

证明两大文化圈紧密联系的还有一大证据，那就是恰帕斯沿岸的伊萨帕遗址，它代表着简约但绚烂的米塞–索克文化全盛期。公元前300年到公元50年之间，这处纪念性中心出产了数百方非比寻常的浅浮雕石碑，它们似乎正是奥尔梅克造像与后来玛雅文化中别样风格的结合物。这些壁画或许正是伊萨帕和卡米纳尔胡尤地区玛雅诸族接触的产物。事实上在公元纪年伊始，相似的造像元素也在卡米纳尔胡尤蓬勃发展，那里成了一个强大高地玛雅王国的首都。卡米纳尔胡尤与其他玛雅中心建立了重要联系，将自己与附近太平洋沿岸的塔卡里克·阿巴吉、蒙特阿尔托、埃尔巴乌尔和埃尔巴尔萨摩连结到了一起。

这种新型关系和贸易的混合（但也有可能是争斗）缔造了这个时代最为重要的一批文化创新成果，例如书写系统和各式各样的中美洲历法。

第58页上图 近观这尊圣巴托洛出土的肖像，描述了一尊神正在进行放血仪式：他手擎一只巨大的锥形工具，正在刺向自己的阴茎，鲜血喷涌而出。

第58页下图 圣巴托洛出土肖像特写。两名神话女性的其中之一正在协助玉米神进行授勋仪式。图中的玉米神刚刚从大地重生。玛雅诸王差不多也会进行相似的授勋仪式。

第59页图 圣巴托洛遗址（危地马拉）的一间房间内的绚烂壁画是公元前1世纪的作品，生动描绘了与玉米神生命周期相连的种种神话场景。

第60—61页图 圣巴托洛遗址壁画上的这尊神是“四尊神”之一，负责各类向玉米神进献的仪式。

中美洲各族群共用两种历法周期。第一种是260天的圣历，这种不同寻常的历法乃是基于金星现身和雨季周期而制定。它仅见于中美洲地区，世界其他各地都难觅踪迹。该历法基于20个日别名（中美洲各地也都类似）和依序排列的13个数字，因此，相同的“日一数”组合每260天就会重复一次（13乘以20等于260）。这种历法也主要用于占卜：预言家会基于占星术的考量，用这套历法决定某日的吉凶，以及当天的宜行和避忌之事。

另一种历法周期叫太阳历，有18个月共360天，每月20天，此外还有附加的5个“不吉”之日。如此一来，也就与太阳周期合拍了。太阳历被用来标记一年之中最重要的事件、农业周期以及大量的纪念仪式。

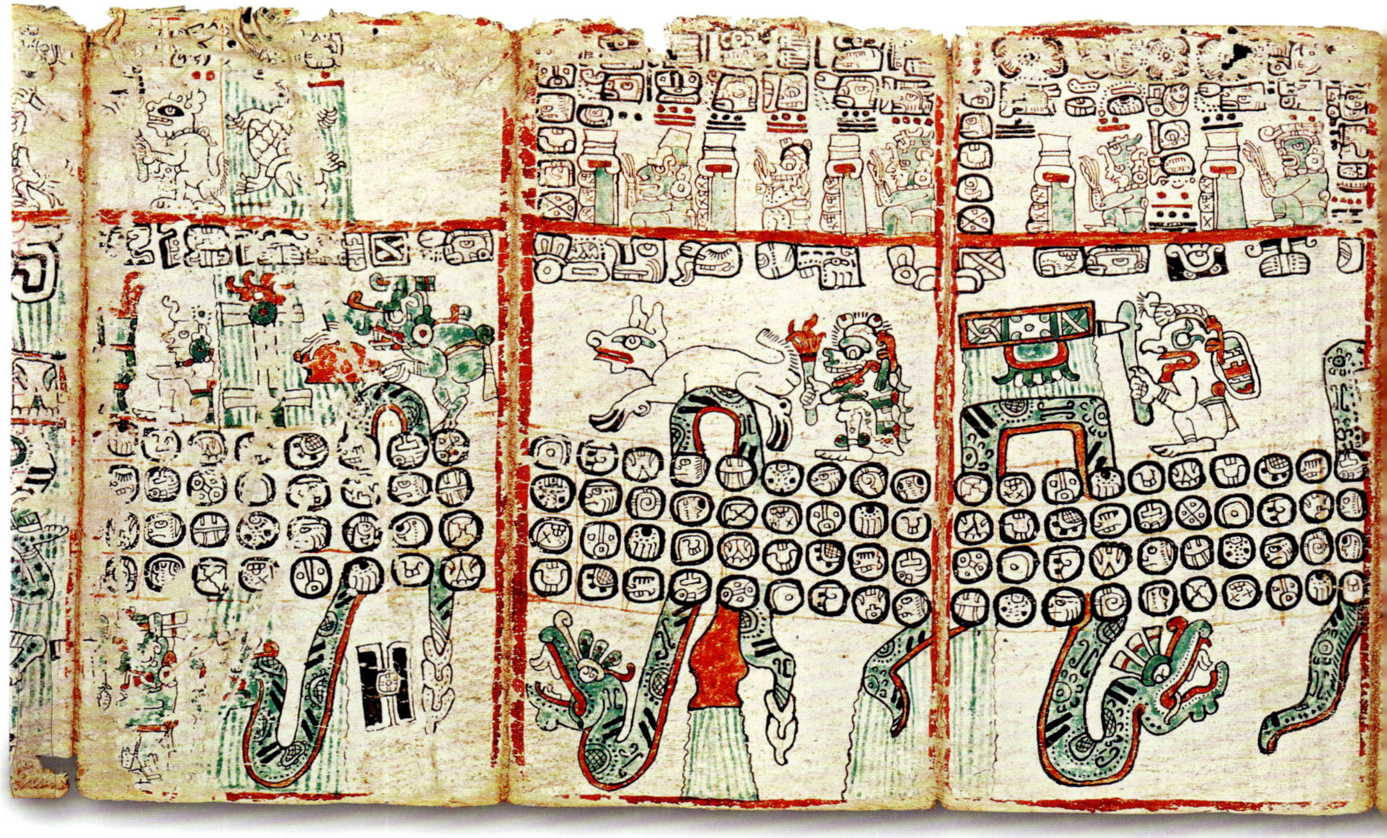

第62—63页上图 《马德里抄本》是流传至今的四部玛雅抄本之一。除在纪念碑和陶瓦上书写之外，玛雅人还出产了大量纸质书籍，但绝大多数都已散佚。热带气候、西班牙征服者和传教士是书籍毁坏的主要原因。

两种历法结合起来就构成了所谓的圆周历。这套历法大概在奥尔梅克时期的最早阶段就已投入使用，到公元6世纪的时候肯定也不仅限于墨西哥湾沿岸地区，而是遍及像瓦哈卡谷这样的地方。两种历法的结合使用意味着，每一天都由两种标记法定义，并遵循如下次序：（260天周期历）数字（1—13）加日名，（360天周期历）数字（1—18）加日名。依照这种结合法，具备相同次序的数字和日名之日，每52年便会重复一次。52年的时长，也代表中美洲的“世纪”。这意味着，我们读到圆周历日期的时候没法直接与现代历法联系起来，它们只是相隔52年的一些大致日期而

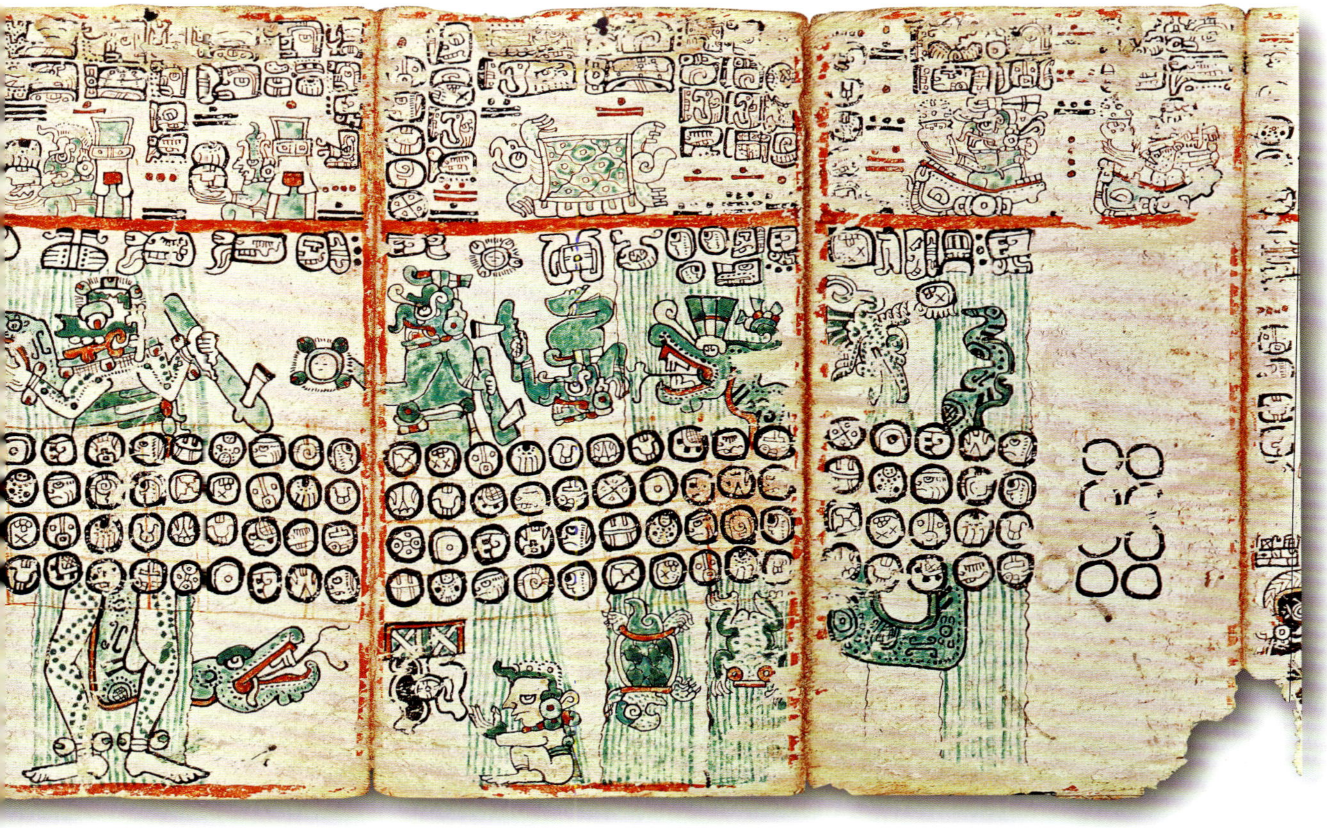

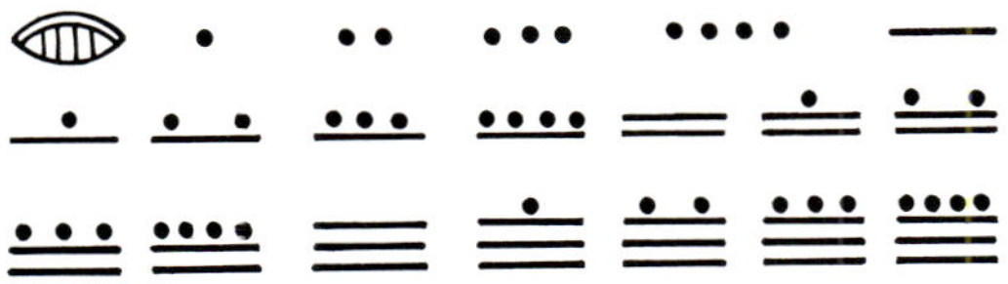

第62—63页下图 在玛雅文字里，同一个单词或是数字可以有不同的书写方式，这取决于文本的正式程度。左边我们看到的是以拟人化写成的数字0到19，而在右边，同样的数字却采用了更为通用的书写系统，由点（代表1）、横杆（代表5）、花或者贝壳（代表0）组成。

已。而在这两种基本周期之外，尚有诸多其他辅助性周期的存在。有与金星相结合的，也有与九夜神之一相连的。以中美洲的思维模式来看，如此之多的元素集中在一天反映了超自然力量的多种多样，它们在某个特定时刻的汇聚让祭司在占星占卜的时候得以拥有更为宽广的活动模式。

另一套历法系统长计历在公元元年之初兴起于地峡地区，但使用它的只有玛雅和米塞-索克诸族。长计历的计时始于一个神秘的初始日期（公元前3114年），这个日期与宇宙创始相关。从这一年起时间逐日流逝，并以二十进位制的计数系统计算（这种系统其实依照历法要求做了微调）。玛雅人依次而行的五段时间分别是克因（1天）、维纳尔（20天）、吞（360天）、卡吞（7200天）和巴克吞（144000天）。实际上这套长计历也是一个循环系统，因为第13个巴克吞结束之后就将归零。然而，第13个巴克吞尚未结束的事实（它将在2012年12月23日终结）使得这套漫长的历法呈现为线性（整个前殖民时代的玛雅，都只存在于一个周期之内）。长计历因此与格里高利历法有了直接的联系，我们也能据此梳理玛雅史上诸多大事的先后次序。

有证据显示，长历法出自米塞—索克人之手，在恰帕·德·科佐遗址也曾现身：那里出土的一方石碑镌刻了公元前936年的长计历。地峡地区遗址出土的其他石碑上的日期可追溯到公元前32年到公元2世纪不等，比如特雷斯·萨帕特斯（韦拉克鲁兹）、埃尔巴乌尔和塔卡里克·阿巴吉（危地马拉）和拉莫亚拉（韦拉克鲁兹）。玛雅人于公元292年采用了长计历，并一直用它标记自己历史上的所有重大事件，直至公元909年为止。

长计历设计了一种二十进制（基于20）记数法，正是这套计数法驱使米塞-索克和玛雅人发明了“0”，这个在任何计数法里都至关重要的数字，用于标记一个进位的完成。而在米塞-索克和玛雅世界里，数字的书写乃是三套符号系统的结合：点（代表1）、横杆（代表5）、花或是贝

第64页图 伊萨帕遗址的50号石碑，该石碑上雕刻的骷髅是最早的死神形象之一。伊萨帕位于恰帕斯西海岸，是前古典时代晚期一处非常重要的宗教中心。（墨西哥城，国立人类学博物馆）

第65页图 这盏小型木质花瓶出自伊萨帕。外饰的图形是一面草席，这个符号在中美洲各地都与统治者的座席有关联，它由此成为王室的重要徽章。（私人收藏）

壳（代表0）。尽管玛雅天文学家拥有高超的数学技能，也因此得以计算过去和未来的数千年时间，但似乎他们的数学知识并没有派上其他实际或是行政的用途。事实上，我们在西班牙征服之前的中美洲并未发现任何计算年月之外的书面证据；不过类似计算可能是写在了易腐材料上所以没有保存下来。

地峡地区出现的小型石碑上刻着人类和神明的浅浮雕，还有长计历系统的象形铭文与日期，它们大量扩散与恰帕·德·科佐为中心展现出的新文化活力不谋而合。这座城市的建筑和陶器从公元前1世纪开始不再使用标志性的玛雅风格，而是发展出了一整套新的文化模式，这些模式最终成为整个古典索克文化的典型。

索克世界这次“文艺复兴”特点是与墨西哥湾沿岸、西恰帕斯和太平洋沿岸地区的接触增多，与同时期玛雅世界诸多地区的危机有所关联。随着公元初年的到来，埃尔米拉多尔逐渐失去了它的主宰地位，并最终在公元100年到公元200年间成为废都。一场相似的危机席卷了其他各大玛雅城市，比如塞罗斯、纳克贝、西瓦尔和圣巴托洛，这些危机很可能是新型王国之间愈演愈烈的战争冲突和同一时期环境恶化的产物。甚至像是卡米纳尔胡尤这种位置僻远又是最为强大的高地王国的中心城市也在同一时期展现了种种衰落迹象。但尽管如此，前古典时代晚期的危机似乎尤其集中在深受埃尔米拉多尔王国影响的佩滕雨林北部。而佩滕雨林中部似乎未受到影响，那里的城市如瓦夏克通和蒂卡尔都还在持续发展，并最终在古典玛雅文化的复兴中扮演了重要角色。

佩滕雨林北部前古典时代玛雅文化没落是玛雅历史持续不断出现的重大危机的第一个。不过，前古典时代的没落远远算不上是一次给玛雅文化演进画上句点的事件。这次没落乃是一段重要的过渡期，前古典时代文化的诸多关键领域在此期间得以存续：基于旧有奥尔梅克观念精华的“神圣忠诚”意识形态；根据政府实体扩张和收缩而建的政治制度，这些政治实体又围绕一个充当行政中心的首都而建；强大有力的政治活动，包括军事同盟、外交接触和战争；复杂多元的艺术传统的发展。上述元素都将迅速融合，成为古典玛雅文明非凡成就的标志。

3

灿烂的古典时代（公元250年到900/1000年）

我们称之为古典时代（公元250年—公元900/1000年）的这段时期，也是中美洲各族群缔造最为伟大杰出的文化、政治和艺术成就的时期。多年以来现代学者都认为古典时代是一段和平繁荣的岁月，与紧随其后的几个战乱期迥异。不过今天我们知道，这种说法并非实情。与不少古代族群一样，中美洲各族群素来好勇斗狠、扩张成性。好斗在很多情况下都是文化艺术进步的催化剂，古典玛雅社会，堪称个中绝佳例证。古典玛雅演化出了高度多元的艺术传统，但基于共同的符号语言，它们还是多元一体的。一边是潜藏的文化一体性，另一边却是外在雕塑、建筑和图画的庞杂种类，这两者之间的对照也许就是古典玛雅艺术最为别具一格的特色，足以与世界各大重要艺术传统媲美。

不过，古典时代与之后各时期相比还是存在着本质差别，主要是因为政治实体的种族—语言构成。

第67页图 这尊巴加尔二世的死亡面具由嵌花翡翠制成。（墨西哥城，国立人类学博物馆）

第68页图 这尊人形花瓶很可能是一座香炉，描绘了一名端坐的男人，正在展露他的双手。该花瓶出土于瓦夏克通（危地马拉），可追溯至古典时代早期。（危地马拉城，国立考古学博物馆）

古典时期，除了远在墨西哥中部的特奥蒂瓦坎这个孤例之外，各据一方的玛雅人、米塞–索克人和萨巴特克人在语言上较为统一。每个地区都创造了独树一帜的艺术风格和表现形式，但相邻各文化之间的商品和观念交流同样生生不息。当大批多种族政权将它们的影响力散播到了中美洲的广袤区域，后古典时代的情形与之前的情况已经大不相同了。

多年以来，学界事实上已经忽略了古典时代地峡地区上演过的历史。学者们深信，米塞–索克文明已在附近玛雅文明的照耀之下黯然失色，地理因素毫无疑问也是该文化被低估的一大因素。毗连墨西哥湾的这片地区石头短缺，这就意味着各大米塞—索克中心是由土质结构的纪念建筑构成。依照现代旅游标准，它们远远不够雄伟和“诱人”。不过，米塞—索克文明在近年得到了重新评估。位于前奥尔梅克都会区的重要定居点（比如特雷斯·萨帕特斯、塞罗·德拉斯梅萨斯）现在都被认为是古典时代早期文化发展的重要中心。显然，这段发展历程是同一种奥尔梅克底色文化传统的一分子，标志性的黑陶不曾中断的使用就是明证。

地峡地区在墨西哥中部和玛雅地区彼此来往的咽喉要道，因此有着重要的地理作用。一连串定居点沿着墨西哥湾沿岸一直延伸到西恰帕斯，并分为两支（一支沿着格里哈尔瓦河而行，另一支则顺着太平洋沿岸），这也代表了一条主要贸易路线。

该地区重要的古典文化元素显然在奥尔梅克时代即将结束之际得到了巨大的发展：比如镌有浅浮雕铭文的巨型石碑，这代表了中美洲多地古典艺术品的一大显著特色。拉莫亚拉（韦拉克鲁兹）的1号石碑就以其极长铭文和长计历著称。长铭文和长计历分别可以追溯到公元143年和公元156年，似乎正是之后历史各期里玛雅类似纪念碑的先祖。

第70—71页图　埃尔塔欣（韦拉克鲁兹）在公元800年到公元1000年间抵达了巅峰期。埃尔塔欣最著名的大型建物——壁龛金字塔在左边清晰可见。

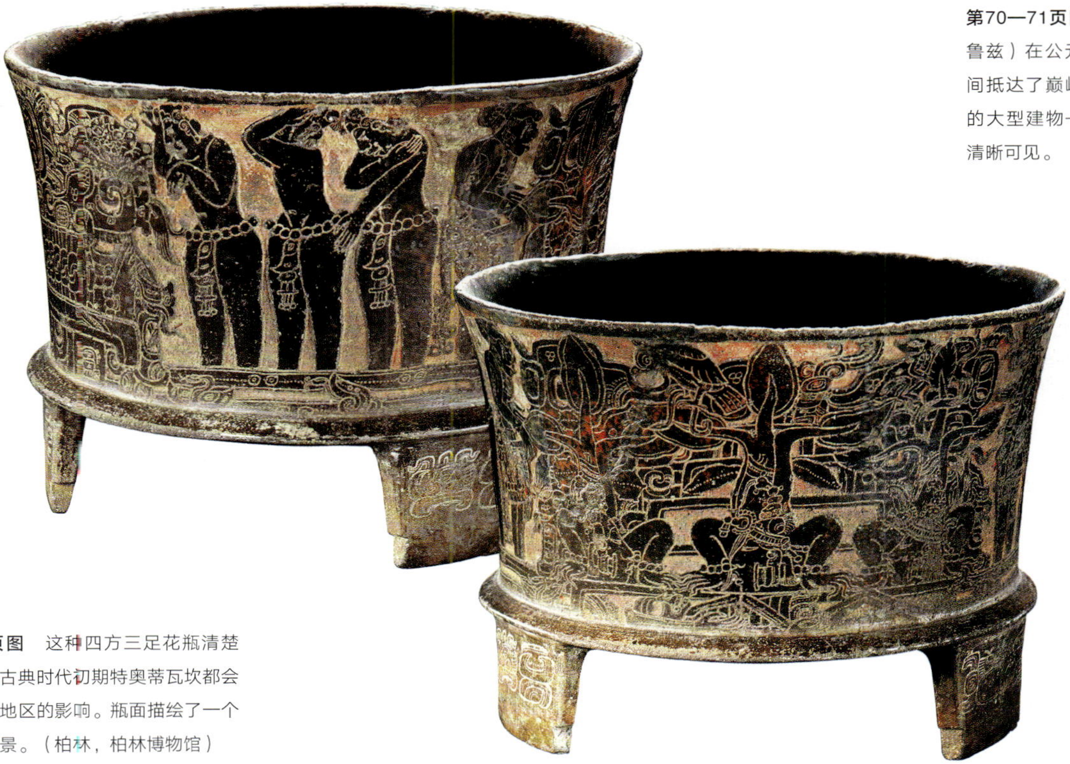

第69页图　这种四方三足花瓶清楚显示了古典时代初期特奥蒂瓦坎都会对玛雅地区的影响。瓶面描绘了一个葬礼场景。（柏林，柏林博物馆）

重要的文化一致性存在于整个地峡地区，一直持续到古典时代早期的末段（公元600年）。在古典时代的前期，米塞—索克语系“外界”的主要联系已经不再包括玛雅，取而代之的是特奥蒂瓦坎城，使节必须跨越地峡前往玛雅地区。玛雅地区在当地政治发展中发挥了重要作用。

在墨西哥湾沿岸地区，塞罗·德拉斯梅萨斯（韦拉克鲁兹）是米塞-索克的主要中心城市。浅浮雕石碑，象形铭文和日历日期的大量出产，表明这里乃是重要朝代的首府。墨西哥湾沿岸其他地区，大量定居点密布着金字塔。今人对这些金字塔进行了详尽的研究，证实这里曾经有过可观的人口密度，还有我们尚未充分理解的文化复杂性。马塔恰潘遗址（韦拉克鲁兹）很有可能与特奥蒂瓦坎有着活跃的联系，韦拉克鲁兹定居点建筑对特奥蒂瓦坎风格元素的采用似乎也昭示了这一点。

在西恰帕斯，恰帕·德·科佐这处古代定居点在此后数百年里仍然有人居住（甚至今天也是如此），它成为墨西哥湾地区之外的主要索克城市。拉文塔河沿岸的埃尔米拉多尔遗址差不多就成了特奥蒂瓦坎贸易和外交网络的中心，这张网络一直延伸到恰帕斯和危地马拉西面的太平洋沿岸。形形色色的定居点在塞罗·贝尔纳尔（恰帕斯）和埃斯奎茵特拉

（危地马拉）遍地开花，似乎已经形成了一条通往卡米纳尔胡尤的“链条”。作为玛雅高地的重要中心城市，卡米纳尔胡尤在古典时代早期与这座墨西哥城市（特奥蒂瓦坎）建立了重要关系。

公元650年特奥蒂瓦坎的衰亡促成了中美洲地区政治关系的再平衡，与特奥蒂瓦坎有着深厚联系的地峡地区也经受了剧烈变革。前几个时期的埃皮-奥尔梅克风格至此几乎已被抛弃殆尽。新的建筑和陶器形式迅速在这一地区传播，高度精细的橙陶被广为使用，成为这一时期的标志性产品。新的定居点纷纷建立，零落成尘的古代城市重新住上了人（比如奥尔梅克的圣洛伦索）。从古典时代中期开始，墨西哥湾沿岸的艺术生产演化出了高雅精细之风，米塞-特奎拉地区

著名的“笑脸”和埃尔萨博塔尔遗址出土的非凡陶制雕塑群都是明证。从韦拉克鲁兹海岸远至中美洲各地，“牛轭”“石斧”和“棕榈叶”的系列石制雕塑成为墨西哥湾沿岸地区雕刻家手艺的一大惊人证据。

古典时代末期，埃尔塔欣治下的一个重要政治实体在韦拉克鲁兹海岸线的北端兴起，其纪念中心正是以绚烂的建筑（比如著名的壁龛金字塔，数不胜数的球场）饮誉于世，其中不少建筑都装饰了精妙绝伦的浅浮雕。埃尔塔欣在古典时代末期进入文明巅峰，当时该城的统治者是著名的“十三兔王”，他的形象也在多个建筑物上有所体现。有关埃尔塔欣

和韦拉克鲁兹附近其他古典中心建筑者的种族—语言身份，学界已经争论了许多年。尽管这个积年已久的问题尚未得到定论，但如今可以肯定的是，曾经被认为最有可能的定居者托托纳克人其实直到古典时代末期才来到这里。因此，更为合理的解释是，埃尔塔欣的初期发展还是应当归功于米塞—索克诸族群。之后在公元800年到公元1000年间托托纳克人的到来，似乎正是对该城的光荣余晖做出了贡献——托托纳克人也有可能是在约公元1100年该城最终衰落之时到达。

位于传统米塞—索克地区的西恰帕斯，像埃尔米拉多尔这样的古代定居点也遭遗弃，甚至连恰帕·德·科佐似乎也经历了一段危机时期。一大批新定居点在这个地区涌现，近年来在埃尔奥科特的新发现显示，这里存在许许多多埃尔蒂格雷和埃尔希戈这样的纪念性中心。上述遗址令人惊叹的典雅建筑风格也是这段文化大发展时期的绝佳案例，虽然我们对这段时期还知之甚少。

沿着太平洋海岸线，圣卢西亚科苏马尔瓜帕（危地马拉）毫无疑问代表着古典时代晚期（地峡地区）最具意义的文化成就。这个时期的毕尔巴鄂、埃尔巴乌尔和埃尔卡斯蒂略很可能是地峡地区的主导城市，这里出产的大量雕塑在图像学上独具特色，在许多方面看来都让人联想起中墨西哥地区的艺术风格。不过，很多描绘球类运动员的画像上带有牛轭、石斧和棕榈叶，这些都是同时代韦拉克鲁兹地区文化的参证。

不少作者都深信，圣卢西亚科苏马尔瓜帕文化可以归作早期皮皮尔人的杰作，这个族群讲的是纳瓦特尔语（该语言与后来阿兹台克人的语言息息相关）。皮皮尔人从墨西哥中部南下——尽管我们尚不清楚南下时间——沿着墨西哥湾沿岸、地峡地区和太平洋沿岸，最终到达了今天危地马拉、萨尔瓦多和洪都拉斯。

但可以确定的是，墨西哥湾沿岸、西恰帕斯和太平洋沿岸各地区在这一时期保持着紧密关系，因为上述三地乃是墨西哥中部和中美洲之间的主要交通线路。古典时代末期（公元600年—公元900年）和终结期（公元900年—公元1100年）地峡地区文化共通语有潜力揭示古典文化出人意料的方面，也将有助于我们更好理解各个族群在古典玛雅文化的没落中都扮演了何种角色。玛雅文字还在破译中，我们将根据破译揭示的信息来检视玛雅文化的兴起。

中美洲文字的源头必须要从奥尔梅克图形意象漫长的“正式化”历程中寻找。约公元前600年开始，奥尔梅克的图形意象符号转换为具备隐藏意义的标准化符号。不过学界认为，彼时这些符号本身仍未用作文字。真正意义上的铭文约公元前300年开始出现，中美洲各个族群都曾号称这是他们的“发明”。不过，玛雅文字研究显示，这些铭文在各个地区是同期同时发展：米塞-索克（拉文塔、塞罗·德拉斯梅萨斯、特雷斯·萨帕特斯、拉莫亚拉），萨博特克（圣何塞·莫戈特）和玛雅（卡米纳尔胡尤、埃尔伯顿、圣巴托洛、埃尔米拉多尔）。如此看来，奥尔梅克文化衰落之后这些地区频繁的接触有助于创造一个充满活力而又竞争激烈的文化生态，并最终促成了文字的发明。考虑到中美洲碑铭文字固有的宣传本质，象形文字（能够提供详尽信息的公共交流系统）正好回应了奥尔梅克各大政治实体衰亡之后出现的政治需求。玛雅文字的这种“叙事需求”，可能必须要与后奥尔梅克时代兴起各新王国之间的激烈竞争结合起来检视。每个新的王国都竭力在战火连年而又混乱纷纷的政治格局中维护统治，每一位统治者都得通过宣扬自己有限的功绩，让自己的权力合法化。

因此毫不奇怪的是，古典玛雅，这个也许是中美洲史上政治最分裂、争战最激烈的族群将玛雅文字图式带到了最高层次，并将其转变为一种书法艺术形式。雄伟的雕像，恢宏的壁画，镌刻的律法，着色的陶器，都彰显着玛雅文字的艺术魅力。

玛雅书吏被称为阿茨布，意为“书吏”或者“画家”（有趣的是，这两项活动之间并无分际），他们还有一个名号叫伊茨埃特，意为“艺术家”或是“智者”。玛雅国王的头衔里屡屡出现这些名号，这个事实足以证明书吏在玛雅社会的重要性。

玛雅文字乃是基于象形文字，或者是四边形的“象形茧”上雕刻的简单图形，通常是两两成列。玛雅文字表达意义的方式多种多样。表形象形文字图形显示它们指代的物体，比如说，一只美洲虎头读音为“巴兰”，意即“美洲虎”；表音象形字则相当于一个音节，不论其意义为何。两种象形字的结合意味着，玛雅文字实质上像字谜一样运作着：同一个单字既可以写成表形的符号，也可以写成表音的符号，或者是两者的结合。更有甚者，玛雅人还会像猜字谜一样适用同音异义符号，或者类似的文字游戏。

考虑到玛雅铭文如此复杂，破译它们要花上很多年也就毫不奇怪了。直至20世纪50年代，像是塔塔亚娜·普罗斯库里亚科娃、尤里·克诺罗佐夫、大卫·凯利、弗洛伊德·朗恩斯伯里、琳达·施尔勒和皮特·马修斯这样的学者才开始懂得这些文字如何连字成句，我们的玛雅文化观也因此焕然一新。事实上，在此之前我们曾认为，刻在石碑上的人物都是爱好和平的祭司和天文学家，铭文主要指的是天文和历法。不过，这些碑铭研究的先驱则揭示了答案：刻在这些纪念物上的主要人物都是那些记述个人功绩的统治者，战争则是他们功绩的“主轴”。

革命性的研究仍在持续，大卫·斯图亚特、斯蒂芬·休斯顿、西蒙·马丁、尼古拉伊·格鲁贝，许多碑铭学家近年来的研究成果让我们得以重新审视玛雅历史事件，其细节和复杂程度在数年之前是不可想象的。

第72页图 这块古典时代早期的翡翠上面镌刻的玛雅铭文是以朱砂绘成。象形字排成两列，与玛雅铭文的典型布局保持一致。（私人收藏）

第73页图 蒂卡尔IV神庙木质过梁近照（危地马拉）。这根过梁镌有一段摘自公元741年统治者伊金·查恩·卡维尔所雕历史铭文的文字。（巴塞尔，文化博物馆）

第74页上图　这幅玛雅象形字全图是“伊扎姆-耶”，玛雅最重要神祇“伊察姆纳”的动物具形。它是最重要、最神秘的玛雅神灵，有着鹦鹉的身体和老者的面容，是典型的天神形象。（托尼纳遗址）

第74页下图　这幅泥塑象形字来自帕伦克遗址（恰帕斯）奥尔维克达多庙里的一块石板。象形字组成了一块块大型石板，石板上刻着历史铭文。（塔巴斯哥州，维拉赫莫萨地区人类学博物馆）

第75页上图 这幅人脸图形的泥塑象形字，出自帕伦克的巴特族之手（恰帕斯）。（托尼纳遗址）

第75页左下图 这是一尊地下世界神祇的面部骨架，右半边脸上清晰可辨的象形字来自托尼纳。（托尼纳遗址）

第75页右下图 这幅托尼纳（恰帕斯）泥塑象形文字与维纳斯（托尼纳一座建筑）的美洲虎神的头衔相对应。（托尼纳遗址）

玛雅低地在前古典时代吸收了诸多奥尔梅克文化元素，同时克服了引发佩滕雨林北部政权没落的危机，之后，这里就成为几十个城邦文化发展的舞台，复杂的政治生活成为它们的突出特色。古典玛雅"文艺复兴"的前几百年里，最为重要的城市就是蒂卡尔（危地马拉）。值得一提的是，蒂卡尔不但安然无恙地度过了前古典时代晚期，这场危机本身——还有埃尔米拉多尔王国随之而至的没落——也许恰好给了蒂卡尔扩张亟须的政治空间。这并不意味着蒂卡尔的发展一帆风顺。在蒂卡尔，前古典时代的艺术建筑风格（多见于被称为"失落世界"的一座城市）同样遭到抛弃，继之而起的是新的古典艺术风格。

这座雄伟壮观的城市就是在之后的几百年的时间里陆续建成的，它那辨识度极高的金字塔高耸在佩滕雨林的"海洋"之上。从最早建城的时代开始，蒂卡尔的中心广场就代表着该城的纪念性中心。位于南边的中央卫城是王宫的所在，数百年里都充作该城统治者的住处。国王死后被埋葬在中心广场北侧的巨大纪念碑下，那里也是北卫城的所在之处。上述建筑群的发掘出土了数量庞大的浅浮雕石碑等文物（常常是随葬品的一部分），上面的铭文也解释了蒂卡尔史上的各重大事件。正如其他所有玛雅城市一样，我们在纪念碑铭文上读到的故事是精英阶层出于宣传目的撰写的。因此，这些故事只讲述国王们的丰功伟绩，对于占人口绝大多数的平民的生活毫无着墨。有时候我们必须怀疑所撰故事的真实性：对任何类型的宣传而言，这都是必要的做法。在前殖民时代的美洲，世界的许多古史都埋藏在令人望而生畏的晦暗不明之中，我们能够得知日期、姓名和事件是非常难得的。进一步说，考虑到我们对这些古代文明及其领导人的认识，从某些方面来讲，了解这些统治者们想在自己的纪念碑上写什么，至少跟发现难以捉摸的"历史真相"一样重要。

根据蒂卡尔城内发现的铭文，该城的玛雅名字是"穆塔尔"（"发束"）。蒂卡尔城在古典时代得以发展的奠基性事件发生在公元3世纪：亚克斯・埃赫卜・科斯武克（"第一步鲨鱼"）建立了一个新的统治王朝。不幸的是，我们对其本人和其后继者知之甚少。这一时期值得一提的著名史料要数第29号石碑。这方石碑是在该城第二名统治者西亚・查恩・卡维尔（天降之子卡维尔）继位时竖立。上面的日期（公元292年7月8日）是玛雅地区最早的长计历使用记录，学界传统上也将这个日期标记为古典时代的开端。

新王朝统治的前几百年里蒂卡尔似乎都是独立发展，并无与毗邻各地建立政治联系的迹象。但在查克・托克・艾哈克一世（"燃烧巨爪"，公元4世纪中叶登上王座）统治期间，发生了一件永久改变蒂卡尔历史行程的事件。据石碑记载，一个名叫"西亚・卡克"（"火焰诞生"）的人物抵达了蒂卡尔。此人也许正是遥远的特奥蒂瓦坎领主"投枪猫头鹰"派来的军事统帅，当时的特奥蒂瓦坎统治着墨西哥中部。尤为重要的是，西亚・卡克"到达"的那一天（公元378年1月31日）与旧王查克・托克・艾哈克一世的死亡恰好在同一天。旧王很有可能正是被这个外来者废黜，这次"到达"所反映的事件也与一场军事征服相差无几。在之后的几年里，蒂卡尔在西亚・卡克的领导之下开疆拓土，势力延伸到许多临近的定居点，比如瓦夏克通、莫图尔德圣何塞和贝胡卡尔，甚至还远及里奥阿苏尔。不过，西亚・卡克却始终没有成为蒂卡尔王。公元379年也就是他"到达"蒂卡尔之后不久，亚克斯・努恩・阿依因（"第一鳄鱼"）接掌了蒂卡尔城的统治权，此人也许是一位特奥蒂瓦坎贵族，开始了一段直接干预玛雅政治事件的时期。

第77页图　这尊死亡面具出土于蒂卡尔的160号墓葬，墓主也许曾在公元6世纪初统治过这座城市。这尊面具乃是由绿色碎石、贝壳和黑曜石做成。（危地马拉城，国立考古学博物馆）

第78页图 这幅图像展示了一名玛雅贵妇身处王室成员之中，背景是宫廷场景。该图像刻在某圆柱形器皿上，年代是古典时代末期。注意贵妇的面部刻画，还有她衣服上的精致面料。（危地马拉城，国家考古博物馆）

第79页图 伊金·查恩·卡维尔，这名蒂卡尔王身着特奥蒂瓦坎风格的戎装的形象出现在蒂卡尔IV号神庙出土的3号过梁上。他头盔的腮托制成了下颚骨的形状。（危地马拉城，国家考古博物馆）

大概是为了提升他本人在蒂卡尔贵族中的接受度，亚克斯·努恩·阿依因娶了不止一个玛雅贵族女性。这么一来，他的子孙后代维系了特奥蒂瓦坎当权者和蒂卡尔城王朝血胤之间的联系。

亚克斯·努恩·阿依因之子西亚·查恩·卡维尔二世在位期间竖立的著名31号石碑正是这一复杂联系的生动展现。

石碑画着这位公元411年继位的新王，只见他身着典型玛雅风格的袍服，似乎正是“模仿”了第29号石碑中的王。而在这名统治者的身边，有两幅身着特奥蒂瓦坎勇士服色的亚克斯·努恩·阿依因画像，似乎是在提醒新的国王（阿依因毫无疑问是亚克斯·埃赫卜·科斯武克第16任继承人），他的统治是在墨西哥中部那座城市的“庇荫”之下进行的。

西亚·查恩·卡维尔二世一直在位到公元457年。他统治期间，蒂卡尔王国通过与雅克奇兰（恰帕斯）等国的战争和外交关系，巩固了对佩滕雨林中部的主宰地位。尧阿特·巴兰（“美洲虎鞭”）在公元359年登上王座，奠定了本地统治王朝的基础。其他各大王朝也在西亚·查恩·卡维尔二世的庇荫之下建立，大概靠的正是与蒂卡尔军国大事的某些连结。

比如说在科潘（洪都拉斯），亚克斯·克乌克·莫（“伟大的太阳”，“第一金绿金刚鹦鹉”）就在公元426年继位称尊，这位新王也许是特奥蒂瓦坎的蒂卡尔玛雅的后代，他的统治为科潘带来了强烈的特奥蒂瓦坎影响。亚克库毛继位后也主持了附近基里瓜王朝开创者托克·卡斯佩尔的加冕仪式（危地马拉）。

公元431年，玛雅地区的另一端，库克·巴兰（“金绿—美洲虎”）成为帕伦克（恰帕斯）的王，他的尊姓大名也在蒂卡尔的西亚·查恩·卡维尔二世纪念碑上有亮相。

我们无法把握“政治谜题”的复杂细节，无法了解久远事件的确切范围，不过显而易见的是，凭借其与大都会特奥蒂瓦坎的紧密关系，蒂卡尔成功地在玛雅低地打造了一个有利于己的政治结构。除直接控制的领土之外，蒂卡尔还在一大批盟国的建立中发挥了重大作用。在此期间，特奥蒂瓦坎的影响力主要来自蒂卡尔，越过佩滕雨林的边界，一直延伸到尤卡坦半岛的北部地区。在贝坎和兹比查尔敦这样的遗址里也发现了特奥蒂瓦坎元素。科巴城的建筑风格与佩滕雨林地区相近，这座城市支配了东海岸地带的政治格局。蒂卡尔在危地马拉的高地也有一个重要盟友：卡米纳尔胡尤。这座城市似乎成了玛雅低地和远方特奥蒂瓦坎之间连结的纽带。

尽管如此，这一时期的蒂卡尔并没有控制整个低地地区。一个名叫“卡恩”的国家控制了佩滕雨林的北部地区——这里也是埃尔米拉多尔的古代故地——差不多是城市古代荣耀的直接传人。我们尚不清楚公元5世纪初时的卡恩首都是哪座城市，但卡拉克穆尔是一个选项，因为数年之后，卡拉克穆尔是最重要，该城颇为混乱的王朝谱系似乎也在昭示着它们与古代王国埃尔米拉多尔的某种连续性。东部地区，今天伯利兹（这里见证了前古典时代的大规模繁荣），卡拉科尔遗址也发展成为统治该地的城市；王朝的创建者特卡布·查阿克（“树枝雨神”）在公元5世纪初的数十年里登上王位。

蒂卡尔成为佩滕雨林政治霸主的巅峰期过后经历了一段困难时期，遗址纪念碑提供的碎片信息尚不足以解释清楚当时到底发生了什么事。不过可以确定的是，蒂卡尔城在公元6世纪上半叶因为一场政治危机摇摇欲坠。这场危机的最初迹象出现在公元511年，先王的6岁幼女在那一年登基成为该城的统治者。二十多年之后——公元537年——她的哥哥瓦克·奇安·卡维尔大概是在一段流亡期后“抵达”蒂卡尔——成功地重新巩固了蒂卡尔的霸权。比如说在公元553年，他就扶植亚加尔·特基尼希二世登上了卡拉科尔王位。这次行动昭示着，蒂卡尔的政治影响力已经延伸到了今天伯利兹境内的地域。但这个新兴联盟显然在短短三年之后就出了问题。蒂卡尔王在战役中击败了卡拉科尔的一名贵族，足以证明两个城市之间的关系出现了裂隙。公元546年，阿吉·沃沙尔登上纳兰霍城的王位，该城位于蒂卡尔和卡拉科尔之间的中点。然而他在登基时并未接受蒂卡尔的扶植，而是得到了卡拉克穆尔的统治者的帮助。卡拉克穆尔乃是北方大国卡恩的首都。显然，卡恩的影响力已经向南延伸了许多。

灾难在公元562年不期而至。一场恰好在金星行至某既定位置时发生的“星战”在蒂卡尔爆发了。尽管我们尚不清楚是哪座城市袭击了蒂卡尔，但十有八九就是卡恩国的首都卡拉克穆尔。卡拉克穆尔与卡拉科尔联合发动了这场战争，他们的纪念碑描绘了蒂卡尔的惨败。

第80—81页图 左页的金字塔是蒂卡尔“失落世界”的建筑群落的一部分。“失落世界”建筑群是蒂卡尔在前古典时代晚期和古典时代早期之间的“发展早期”里，最重要的大型建筑群落之一。右页上是蒂卡尔最高的建筑物——IV号神庙的屋顶，它在画面中清晰可辨。

战争在古典玛雅世界颇为普遍，是政治争斗的一大武器，这与学界长期相沿的成说恰恰相反。有不少描绘战斗场景的绘画，最多的是战俘，他们被胜利的一方捆绑、折磨、凌辱，身躯还遭到践踏。最为著名的玛雅战争图像，要数波南帕克的“壁画神庙”。约公元790年，奇安穆安二世下令绘制了一幅壁画，描绘了鲜活生动的战斗场面，以及战斗结束之后的各种事件，其中就有受辱战俘匍匐在国王脚下的场景。

玛雅文字里有大量象形字喻指战争，它们可能还与不同的战术相关。尽管，这些战术之间的差异我们尚不清楚：奇阿卡吉（斧击）和楚卡吉（俘获）是其中最常见的两个。除此之外，尚有其他口头语言代指“夺旗”或是抢夺别的权力符号。不过，最重要的战争形式还是要数“星之战”，其所适用的象形字画着一团落雨（可能是血雨），从金星降临地球。这种战争的打响，乃是基于金星在天空中的某个特定位置（不过我们知道有些战争没有严格遵守这个日期）。这些星战显然给被征服族群带来的是灭顶之灾，一如公元562年蒂卡尔遭遇的著名惨败。

绝大多数我们知晓的玛雅古代战争信息都来自铭文，而铭文的主题又几乎只与贵族战俘的囚禁有关。这个事实不禁

让我们推断，绝大多数情况下，玛雅战争是否都是贵族遵循某种骑士准则而发动的？古典时代对战败国彻头彻尾的军事征服或是占领吞并是很少见的。这些战争终结之时，被征服的君王通常会遭驱逐，并由同一王朝血统的新王取而代之。多数情况下，新王通过强制的军事同盟正式成为胜利者的附属。

不过我们不能低估了另一种可能：这些战争会带来各种形式的洗劫与破坏，尤其是在玛雅古典时代史上某些“紧张”时期。佩特克斯巴恩地区就提供了一个例证：古典时代即将结束之时，许多玛雅定居点（比如多斯皮拉斯）都结寨自守，表明当时战云密布的政治气候。最近的一次考古发现也证实了军事打击的种种灾难后果：坎昆遗址发现的水库在战后变成了坟墓，挤满了包括妇女儿童在内的43名死者的残肢断腿。这次发现似乎也证明，更具破坏性的战术正在快速传播，这在根本上预告了后古典时代即将发生的事情：千军万马杀进杀出，一场场倾国上阵的征服战争轮流上演。

第82—83页图 这幅战争场景取自波南帕克的壁画（恰帕斯）。右边揪紧战俘头发的人正是该城的统治者奇安穆安二世，他在公元8世纪末主事，绘制了这些壁画。

公元562年星战的结果深切改变了佩滕雨林地区的政治均衡。蒂卡尔的王室血脉自此翦灭殆尽，该城也经历了一段漫长艰险的岁月——延续了一个多世纪——在此期间，蒂卡尔甚至没有建过一座纪念碑。不过，城市面临的这场危机似乎因某些传统仇敌的式微得到缓解，比如里奥阿苏尔和卡米纳尔胡尤就是在公元600年左右开始解体。而在同时，卡拉克穆尔的“天空见证者”治下的卡恩国一跃成为本地区的新超级大国。

“天空见证者”的后继者发动了对帕伦克的战争（公元599年和611年），借此巩固了卡恩的霸权地位。蛇之国（卡恩）继续打造与卡拉科尔的外交关系，并将形形色色的国王扶上王位。公元631年纳兰霍扯起叛旗攻打卡拉科尔，试图挑战这一霸权。于是卡拉克穆尔王发动了对卡拉科尔的星战，这场战争以卡拉科尔叛王的惨死告终。到公元7世纪中叶，佩滕雨林大部都已落入卡恩及其盟友的掌控之中。

蛇之国在约克努姆·奇恩二世（也称约克努姆大帝）的治下达到了极盛期，这位国王于公元636年登上王位。约克努姆大帝在位期间，卡拉克穆尔演变为一座满是巨型建筑的华彩之城，其中就有耀眼夺目的II建筑群。自古典时代早期以来这个建筑群就一直在反复修葺，目前它也是一项规模庞大的重要发掘项目的组成部分。约克努姆大帝主持了多项重要政治活动（任内竖起了18根石柱），其中绝大多数都着重于控制佩滕雨林的中部地区，阻挠蒂卡尔-穆塔尔重新崛起的种种企图。

努恩·乌约尔·查阿克登上王位之后，这座被征服的城市爆发了一场内乱。结果，觊觎王座的巴拉吉·奇安·卡维尔被逐，前往西南低地的佩特克斯巴恩。公元648年，这位僭王在约克努姆大帝的保护下，在本地建立了一个“新蒂卡尔”王国（今天称之为多斯皮拉斯）。这次独立建国事件无疑是对蒂卡尔的巨大羞辱。

不过，约克努姆大帝的工作并不局限于扶植叛城多斯皮拉斯站住脚跟。公元657年他还对蒂卡尔发动了另一场星战，驱逐了当地的国王，被逐的国王跑到帕伦克，托庇于巴加尔二世。帕伦克也是这一时期唯一繁荣兴盛的蒂卡尔盟友。流亡途中的蒂卡尔王组织了一场反攻并重返蒂卡尔，接着又夺取多斯皮拉斯，并于公元672年将巴拉吉·奇安·卡维尔逐出该城，成功复仇。不过，努恩·乌约尔·查阿克的“重新征服”却为时甚短。公元677年，卡拉克穆尔挥军进攻，迫使查阿克放弃了多斯皮拉斯的王位。两年之后，查阿克又败于巴拉吉·奇安·卡维尔和约克努姆大帝的联军，后者的军事联盟依然发挥着重要作用。为巩固这一联盟，卡拉克穆尔王之后两度访问多斯皮拉斯，还出席了公元682年的祭祀舞会，参与纪念一项重大节日。

纳兰霍也没能逃脱这个强大联盟的手掌心。公元680年，纳兰霍发动星战击败了卡拉科尔，但随后就在一场激战中败北，对手很可能就是卡拉科尔。约克努姆大帝卓有成效地主导了这一时期的政治格局。公元682年8月27日，他还安排了“六天夫人”与纳兰霍某贵族之间的联姻，身为多斯皮拉斯王巴拉吉·奇安·卡维尔之女，“六天夫人”也上台执政（不过是非正式的），成为这座叛城的领袖，将其纳入联盟版图。

时至公元7世纪80年代初，多斯皮拉斯、纳兰霍、卡拉科尔和卡拉克穆尔之间的联盟支配中部低地，从实质上完成了对深陷危机的蒂卡尔的包围，唯有蒂卡尔的西部免受影响：这里地处乌苏马辛塔河流域一线，毗邻各地还有皮德拉斯·内格拉斯、雅克奇兰、波南帕克和帕伦克。其中，帕伦克这座辉煌绚烂的城市与蒂卡尔的同盟一直牢不可破。

第84页图 玛雅战士通常都是贵族，他们的戎装也昭示着这种身份。左图就是例证：这些波南帕克战士戴着酷似头盖骨和鹿头的帽子。

第86页上图 卡拉克穆尔规模宏伟的II建筑群（近46米之高）这可是数百年来持续营造的结晶，明显昭示着蛇之国古都在玛雅地区的影响力。

第86页下图 这尊吉安娜岛（坎佩切）出土的人像描绘了一名玛雅贵族或是女神。她正在用背带织机织布。（墨西哥城，国立人类学博物馆）

第87页图 这尊吉安娜岛出土的人像代表玛雅贵族，他巨大的项链、耳环和手镯无不昭示着其显著的社会地位：唯有贵族成员才被允许佩戴这种珠宝。（墨西哥城，国立人类学博物馆）

第88页图　这尊死亡面具出土自卡拉克穆尔VII建筑群（坎佩切）的1号墓室。这些制自翠绿石和贝壳（海菊蛤属）的面具让统治者的面容不朽，赋予他们超自然属性。（坎佩切，圣米格尔堡垒博物馆）

第89页图　这尊吉安娜岛出土的人像描绘了一位自花瓣中现身的老者，似乎暗示了与拉坎敦玛雅神话酷似的传说。根据那个神话，诸神都是生自花蕊。（墨西哥城，国立人类学博物馆）

长期以来学界都在争论：政治组织与我们所说的古典玛雅的“王国”的区别，有学者将玛雅诸国解读为政治结构极其简单的小型酋长国，其他则倾向于将它们当成真正的“国家”，其领土范围和权力层级都极其多变。

玛雅铭文告诉我们，每个政治实体都由一名具备神圣血统的专制统治者统领，这位阿哈乌（“主宰”）在一个贵族阶层的配合下行使统治权。贵族阶层则依据血统或是“房舍”分成各个支系，并以亲属关系结盟。每位阿哈乌统治的政治实体都有一个独树一帜的城徽符号，由国名（国名通常不会与首都的地名相重合）和代表头衔的克乌胡尔·阿哈乌（“……之神圣主宰”）的前缀组成。

有的君主的头衔中带有类似“20名战俘之主”的称号，他们使用的异类头衔有的就尚未得到破译。“卡鲁穆特”就是一例，不过它的使用限定于特别重要的王国，因此似乎表示某种较高的等级。

虽然每个王国都由一位阿哈乌统治，但事实上，阿哈沃卜（阿哈乌的复数形式）的地位却并不平等。正如某些例子所示，某个强国的君主有时会“扶植”弱小国家的君主，并且在政治上控制他。弱国君主是“亚贾乌”（他的阿哈乌），这个名号也昭示着他本人与其“扶持者”之间的隶属关系。王国之内的小型定居点则由当地总督统治，他们拥有“萨加尔”的头衔。

等级关系将不同定居点统合，形形色色的典礼会张皇其事地展示这些关系，但这并不意味着相类似的经济和行政等级。在绝大多数情况下，每个定居点都自给自足，各式各样的贵族头衔更多是形式上的等级制度，而非实际意义上的行政区划。

因而，这种靠着正式契约、战争、婚礼和使节构成的错

综复杂的关系网是非常脆弱的，任何时候都会轰然倒塌。

切断与某个国王的从属关系并转投敌对国王的麾下，并不会导致经济和行政纽带的断裂。因此，这类叛投行为也就非常简单、极为普遍。一位才华卓著君主的能力或是一系列的有利情势，都足以造就一个范围甚广的联盟和支持网络，产出像蒂卡尔和卡拉克穆尔那样名副其实的超级国家。

不过，这两大城邦联盟也是上述政治实体短寿本质的证据：它们可以在数年之内土崩瓦解。

政治和祭祀活动集中在纪念性中心，它们是各王国的首都。这个事实意味着，一旦君主远离首都，他对边远地带的控制就会削弱。不但如此，这些王国的边界也根本无法准确界定。

正是基于这些特质，玛雅诸王国总是处于连绵不绝的“联盟—分裂”循环之中，是一个“巨型政治实体”。在特定政治事件的影响之下，许多的“中心”相继膨胀或衰落。不过，玛雅诸王国这种长期性的“孱弱”，因为整体政治体系的强盛力量而得到了弥补：前仆后继、充满活力的阿哈沃卜统治了玛雅低地一千多年，将这里打造成了古代世界中历时恒久的政治体系之一。

第90页图 统治贵族、农民和匠人的阿哈乌。

第91页左图 卡瑟伍德的画作描绘了帕伦克的一块石板，居中的正是国王“美洲虎蛇”。

第91页右图 吉安娜岛出土的小塑像（帕伦克），描绘了一位珠光宝气的阿哈乌，端坐在王位上。（墨西哥城，国立人类学博物馆）

第92—93页图　这些列队行进的音乐家是波南帕克“壁画神庙”里一处墙壁上的形象。三人正在演奏一种中美洲地区的经典乐器，用鹿角击打龟甲。

第93页图　这些波南帕克高等贵族成员装束奢华，佩着耳环，戴着巨大的披肩。波南帕克的壁画让我们深入了解了玛雅贵族的衣饰。

第94—95页图 这个场景描绘了波南帕克之王的加冕仪式。注意他的美洲虎皮裙，这代表着王室血统；还有硕大的头饰上有一幅被绿咬鹃长羽包围的神祇面容。

第95页图 这幅波南帕克绘画描绘了一群正在举行放血仪式的贵族女性：她们正在拖拽一根刺穿各自舌头的绳索。女人们坐在一方大石宝座上。

第96—97页图　这件绘在圆柱形花瓶上的饰品描绘了一派宫廷场景。最右边一名国王高踞王座，身着美洲虎皮，接见两名外国大使。来访者带来的礼品就放在国王的脚边，清晰可见：一堆珍贵的织布和羽毛。最左边的两位亲贵一边抽着窄管烟一边彼此交谈。类似这种的圆柱形花瓶在宫廷活动的时候常常用作可可饮料的容器。（私人收藏）

第98页左图 吉安娜岛出土的这尊塑像描绘了一名玛雅商人。这名男子是个地位颇高的商人：他手里拿着一把大羽毛扇。其面部涂饰有可能是疤痕刺青。（墨西哥城，国立人类学博物馆）

第98页右图 这尊塑像描绘了一名疑似醉酒的老者，只见他手擎两壶盛有酒精饮料的容器。长者形象的雕塑在吉安娜岛异乎寻常之多的黏土制品里颇为普遍。（墨西哥城，国立人类学博物馆）

第99页左图　这名吉安娜岛的贵族女性身着一件名为“惠皮尔”的衣服。她脸部的疤痕刺青代表着身体装饰。（墨西哥城，国立人类学博物馆）

第99页右图　这是吉安娜岛出土的最可爱的人像之一——一名身着“大衣”、戴着头饰的亲贵人物。（墨西哥城，国立人类学博物馆）

第100页左图　这尊吉安娜岛出土的人像描绘了一名身着神秘服饰的男子。他穿的大概是戎装，还戴了一顶有翼的头盔。（墨西哥城，国立人类学博物馆）

第100页右图　这名吉安娜岛出土的贵族女性戴上了一顶大尖头帽子。吉安娜岛上的塑像都是葬礼祭品。（墨西哥城，国立人类学博物馆）

第101页左图　一名吉安娜岛的贵族女性形象，身着一件长长的“惠皮尔”，这让她的双肩得以裸露。（墨西哥城，国立人类学博物馆）

第101页右图 这尊吉安娜岛出土的人像描绘了一名贵族女性，头戴着精致复杂的帽饰。（墨西哥城，国立人类学博物馆）

第102页图 这座香炉用于焚烧柯巴脂，以一名珠光宝气的贵族人物为原型打造。他戴着一顶富丽堂皇的帽子，上面还装上了两颗羽蛇神的头颅。（危地马拉城，国立考古学博物馆）

第103页图 这座香炉出土自阿玛蒂特兰湖地区（危地马拉）。每逢人们焚香，烟雾都会从人像的嘴里缭绕而出。（危地马拉城，国立考古学博物馆）

正如前文所述，帕伦克王国创建于公元431年，创始人是库克·巴兰一世（“金绿—美洲虎”）。时值特奥蒂瓦坎“进入”蒂卡尔领土，新王朝建国的浪潮此起彼伏。帕伦克王国逐渐成为西部低地的领军力量。在这些地区，帕伦克必须要同其他各国竞逐高下，尤其是皮德拉斯·内格拉斯——乌苏马辛塔河东岸的一个强大王国。该国也是附近雅克奇兰的劲敌。公元6世纪末帕伦克败于卡拉克穆尔，公元611年又再次败北，给这座城市带来了一段混乱岁月，并促成了萨

第104—105页图　帕伦克王宫，这是国王立朝之地，在前景中清晰可辨，铭文神殿位于右侧。十字纹版神庙也在背景中尤为夺目。

第105页图　这尊泥塑人脸模型描绘了基尼希·坎·巴兰，巴加尔大帝之子兼王位继承人。这幅肖像也以其超乎寻常的表现力，被认为是古典玛雅艺术的杰作。

克·库乌克夫人（“绚烂绿咬鹃”）第二年开始执政，不过夫人并没有正式登上王位。

萨克·库乌克夫人一直执政到公元615年，她十二岁的儿子在那一年登上王位，得名“基尼希·雅纳阿布·巴加尔”（“伟大的太阳盾”）。我们对他执政早期的事情知之甚少，权势逼人的母亲可能在他继位后又将王室权力把持了数年之久。可以确知的是，帕伦克与皮德拉斯·内格拉斯争夺地区霸主的战斗从未停止。公元628年的一个事实也足以显示这一点：一名帕伦克贵族被敌对城市的王俘虏了。

在漫长的执政期间里，巴加尔重塑了重要的城市建筑，其中尤为显著的便是规模庞大的王宫（也是政府的所在地）。这里是举办宗教和政治仪式的地方，也是王室的居住之所。王宫的纪念碑和浅浮雕依然占据着该地炫彩多姿的广场，无声地记述着巴加尔王生命中的某些重大事件：从他加冕开始，到他俘获了几名来自临近波莫纳王国治下小定居点的贵族。这些纪念碑和浅浮雕还显示，他殷勤招待了雅克奇兰的一名贵族，也慨然收留了流亡途中的蒂卡尔王努恩·乌约尔·查阿克。这次事件和之前与皮德拉斯·内格拉斯的战争一样，显示帕伦克并未完全游离于佩滕地区各大国之间爆发的连年战火之外。这些战斗也在西部各地区有所反映，比如公元7世纪，皮德拉斯·内格拉斯就在卡拉克穆尔的支持之下，成功压倒了临近的雅克奇兰。

公元683年，巴加尔大帝以八十高龄驾崩。他的统治虽然绵延六十多年，但却不像同时代其他君主一样打上了战争的印记。巴加尔大帝允许帕伦克城以相对和平的状态繁荣起来，这要感谢与乌苏马辛塔河流域、大概还有墨西哥湾沿岸地区的贸易。而在生命临近终点的时候，老国王也开始为自己的来生做准备了。他修建了后来成为玛雅世界最负盛名的大型墓葬建筑：铭文神殿。

铭文神殿就建在帕伦克王宫附近，这是一座拥有九层阶梯的金字塔状建筑，“九”这个数字喻指地下世界的九重。金字塔的顶部则是一座神庙，庙宇的石柱都装饰了泥塑浅浮雕。这些浮雕描绘了巴加尔大帝继承人坎·巴兰（“蛇神美洲虎”）的形象，身后簇拥的则是几位已经神化的国王祖先。楼梯栏杆上描绘的几名神圣人物身束胸甲，并以日期的形式提及了巴加尔大帝一生的重大事件，其中就包括他收留蒂卡尔流亡国王的时间。

在神殿之内，三块象形字石板记述了帕伦克城的整段王朝历史：从其传奇般的源流（远溯到数千年之前）一直到巴加尔大帝去世、他儿子“蛇神美洲虎”的继位，甚至一直写到了远至公元4772年的未来诸事。铭文的最后六个象形字写道：“伟大的太阳蛇神美洲虎、帕伦克的神圣主宰，悉心照料九图之宫、伟大的太阳盾陵墓的圣名、帕伦克的神圣主宰。”在神殿的一侧有一道门通向地下墓室，这里存放着伟大国王的石棺（这尊石棺可能是在更古老的建筑物里制作的）。五六具殉葬者的尸体就放在墓室的门前。墓室四周的墙壁画着巴加尔大帝九位先王的形象，他们都曾登上王座君临帕伦克城，看上去像是在守护正中央的硕大石棺。死去国王的祖先也被画在石棺四周，棺材盖上有一幅著名的浅浮雕，描绘了巴加尔大帝以玉米神之姿再临、从亡者世界死而复生的场景。故事源自奥尔梅克传统，在沿棺材盖边缘镌刻的一行铭文中有所重复，开头便是这句话：“他们盖上了棺材盖，玉米神巴加尔石棺的棺材盖。”与老国王一起安眠在石棺之内的还有种类惊人的玉制珠宝，其中最重要的是一副死亡面具。这副面具刚刚完成修复，原先的绚烂华丽得以重现：帕伦克的艺术家们让他们国王的形象在这副面具上实现了不朽。

第106页图 基尼希·雅纳阿布·巴加尔就葬在这座铭文庙里。

第107页左图 国王的石棺和浅浮雕棺材盖都深埋在巴加尔的地下墓室里，墓室也装饰着泥塑浅浮雕。

第107页右图 这幅浅浮雕装饰着覆在巴加尔石棺之上的厚板，描绘了国王装扮成玉米神、出现在地妖之嘴的场景，国王就是这样重生的。

第108页图　帕伦克出土了许多玛雅地区最精致的浅浮雕。

第109页图　这尊泥塑头像是在巴加尔的石棺下面发现的。（墨西哥城，国立人类学博物馆）

蒂卡尔的重生

公元7世纪80年代之初，卡拉克穆尔及其盟友主宰着佩滕雨林地区的政治格局。就在这一时期，一系列连锁事件开启了一场巨变，受其影响的主要是与蒂卡尔关系密切的城邦。巴加尔大帝去世之时（公元683年），帕伦克正处于辉煌期。注定拥有光明未来的伊茨扎姆纳吉·巴兰二世于公元681年登上雅克奇兰王位。不过最重要的事情是公元682年5月3日，雅萨乌·奇安·卡维尔（“净空者卡维尔”）加冕为蒂卡尔王，他是倒霉的努恩·乌约尔·查阿克之子。

这位新王生命中迎来的头一件大事，也在I号神庙一根绚烂多姿的木质过梁上有所绘制。梁上有三幅描绘胜利景象的图像，其中一幅所附的文字告诉我们，雅萨乌·奇安·卡维尔在公元695年8月5日发动的一场战役中大获全胜。他击败的不是别人，正是继约克努姆大帝之后登上王位的卡拉克穆尔王约克努姆·伊奇阿克·克阿克。如此一来，公元562年的惨败发生一百三十年后，雅萨乌·奇安·卡维尔一世终于成功地再次翻转了佩滕雨林地区的政治格局。凭借这场胜利，雅萨乌将蒂卡尔带进了一轮新的繁盛时期。同一座神庙的另一根过梁向我们昭示了雅萨乌·奇安·卡维尔如何利用意识形态和宣传语境记录自己的功绩。国王本人身着特奥蒂瓦坎战士装束（尽管这座遥远的城市已经化为灰烬，失去了昔日的辉煌），这个主题恰如其分地配合了选定的胜利庆祝日：公元695年9月14日——准确来讲就是在“投枪猫头鹰”死亡的十三个“卡图诺布”（13乘以20等于260年）之后，这名特奥蒂瓦坎贵族曾经“支持”自己的城市进入蒂卡尔。本质上讲，雅萨乌·奇安·卡维尔对蒂卡尔而言，正是那个重建公元5世纪逝去荣光的人。雅萨乌的巨大金字塔就建在西亚·查恩·卡维尔二世的陵墓之上，后者曾经创造了蒂卡尔的辉煌时期。

雅萨乌·奇安·卡维尔在位期间，蒂卡尔直接管辖的领土从来都不是很大。尽管如此，这座城市在雅萨乌的长期治下还是享受了一段繁荣期，这在那些庄严巍峨的建筑项目上有所反映，它们也改变了蒂卡尔的面貌。除了在北卫城西亚·查恩·卡维尔二世陵墓上修筑的金字塔之外，雅萨乌王也在中心广场建起了另外两座高耸入云的金字塔（I号神庙和II号神庙）。他甚至还另外修筑了三对金字塔，庆祝历法周期的重大终止（公元692年、公元711年和公元731年）。公元734年雅萨乌·奇安·卡维尔去世，葬在I号神庙，里面放满了玉器、贝壳、珍珠、美洲虎皮、绘陶和雕骨。

品类繁盛的财富可谓当之无愧：这位伟大的王继位于危难之间，一手将蒂卡尔带到了辉煌的复兴境界。他的儿子伊金·查恩·卡维尔继位之后将蒂卡尔迸发的新活力转化成了卓有成效的政治主权。历经一系列军事战役，他再次打败了

卡拉克穆尔。吃到败仗的卡拉克穆尔和盟友们（比如雅克哈，埃尔佩鲁和纳兰霍）陷入了长时间的危机。于是，伊金·查恩·卡维尔顺势重新巩固了对领土的控制，从此蒂卡尔便牢牢掌控着地区霸权，直至8世纪末一场新的危机冲击了这个大国。时间进入9世纪，有关蒂卡尔的信息就愈加稀少，最后一块石碑立于公元869年，标志着蒂卡尔碑刻史料的终结，不过这次没有别的国家伺机利用蒂卡尔的没落获利，蛇之国（卡拉克穆尔）的最后一方纪念碑引文也只是晚了四十年而已：它于公元909年被刻在石头上。

第110—111页图 蒂卡尔的建筑群高耸在危地马拉的佩滕雨林。

第113页下图 蒂卡尔31号石碑特写。碑面西亚·查恩·卡维尔的躯上有一尊太阳神的面孔。（危地马拉城，蒂卡尔博物馆）

第112—113页和113页上图 蒂卡尔的I号神庙，这处建筑控扼城市的主广场，一千年来一直是玛雅政治生活的中心。

第113页中图 数百年来，该城历任国王都葬在北卫城，这座卫城沿着广场北缘延伸。

雅萨乌·奇安·卡维尔在统治蒂卡尔的时期内对西部低地里的部分城邦的繁荣和政治发挥了重大影响力。

如前所述，巴加尔大帝去世后，其子基尼希·坎·巴兰（“太阳蛇神美洲虎”）继位成为帕伦克王。公元687年也就是这位新王登基的三年之后，他就赢得了一场对临近城邦的大胜。在之前数年里，还凭借对临近小王国的一连串军事征服，积攒了不少政治影响力。基尼希·坎·巴兰借助这场胜利巩固了对该地区的政治控制，随后便着手推动了一项甚至比他父亲在世时还要雄心勃勃的建筑工程。工程的成果直至今日仍为世人仰望，这就是饮誉于世的“十字建筑群”。

这个新建筑群的主建筑物就是“十字神庙”，一座规模庞大的十三阶金字塔（映照天堂的十三层）。在金字塔的顶部，一块浅浮雕嵌板描绘了死去的巴加尔大帝，他儿子的形象则画在了下一株宇宙之树上。在临近的叶形十字神庙，巴加尔父子的形象则紧靠一株玉米植物。在太阳神庙，这对父子又在一枚盾牌的侧边亮相，太阳的面孔就落在两根交叉长矛的前面。上述三座神庙显然代表着王室的三个层面：神圣、“丰饶”和战争。三座神庙里都有几块象形字嵌板，综述城邦的王朝历史，绘上几幅仪式场景。加冕典礼为时甚久，坎·巴兰在典礼期间扮演了重要角色。

基尼希·坎·巴兰的形象在几座最具视觉冲击力的帕伦克大型建筑上永垂不朽。他于公元702年2月16日去世，王位由弟弟基尼希·坎·约伊·奇塔姆二世（“太阳下的珍贵野猪”）继承，弟弟着手推动了另外几项重大的建筑工程，不过等着他的却是战败之耻：公元711年，帕伦克遭遇战士的袭击，这位不走运的国王不知所终，大概是沦为战俘、被解送到了得胜的城邦。

尽管如此，战败并没有阻滞帕伦克的发展。近来的考古研究刚刚在十字建筑群以南地区发掘了一系列做工精细的纪念碑，时间可以追溯到被俘国王继承者基尼希·阿赫卡尔·莫纳阿卜（“太阳龟鹦鹉湖”）在位期间，这位国王是在公元721年登上王位。

莫纳阿卜治下的帕伦克赢得了不少次军事胜利，皮德拉斯·内格拉斯的卫星王国和其他一些尚不知名的政权都是他

第114页图 规格庞大的太阳神庙乃是十字建筑群里一处耀眼夺目的所在，它是坎·巴兰在他声名显赫的父亲巴加尔大帝去世之后不久修建的。

第114—115页图 十字建筑群在这幅引人入胜的全景里引人瞩目：该建筑群的主建筑就在左侧；叶形十字神庙则在背景里清晰可辨。

的手下败将。带兵打仗的帕伦克将领查克·苏乌茨（“红蝙蝠”）享受了极高声望，这一时期的许多纪念碑都描绘了他的形象。

其他三位统治帕伦克的君主（8世纪末的最后三位），他们治下的精巧纪念碑似乎昭示着一段相对繁荣的时光。我们还知道8世纪中叶有个名唤“查克·尼克·克斯乌克”的帕伦克公主远嫁科潘，她的儿子后来成为这个洪都拉斯城邦的著名国王。不过，也有种种迹象昭示着帕伦克城迫在眉睫的危机。数量越来越少的纪念碑上记录了被托尼纳打败的战斗，碑文本身也愈来愈含糊其词，这一切都是毁灭帕伦克的灾难的前奏。到9世纪初，所有重大活动都戛然而止，帕伦克城被永远遗弃在了丛林之中。

帕伦克的动乱和没落似乎留下了一块权力真空，刚好被敌人乘虚而入。托尼纳在8世纪赢得了一系列大胜仗，也就得以支配波南帕克和拉坎东雨林地区。尽管我们对王国的末期历史知之甚少，但有一个事实相当重要：这个城邦持续产出着纪念碑艺术作品，为时要比临近的诸王国都要长。托尼纳的101号纪念碑落款日期对应的是公元909年1月15日，这是中美洲地区长计历的最晚纪年。

第116—117页图 托尼纳的纪念性中心（恰帕斯）建于一处“人工山岭”，这里用一系列梯田重塑了一块山坡，一座座大型石制建筑物在这里拔地而起。

第117页图 四代壁画乃是玛雅世界一处极为绚烂华丽的泥塑浅浮雕作品。在照片中我们看到，死神手擎一枚斩下的首级；其他被斩下的首级则编在了不同的羽毛“结”上，区分不同的场景。

第118页左图 这根石柱画的是佐特斯·乔吉，王朝最重要的君主之一。在这根系年公元577年的石柱上，乔吉被绘成了一尊独立式雕塑，这也是托尼纳城的典型艺术品。（托尼纳遗址）

第118页右图 国王全副武装，手持一把像是长火石或是黑曜石刀的武器，他身边则是一行铭文。人物的前额刻着“卡维尔”的脸庞，这是王室的标志。

第119页图 这尊雕塑描绘了被俘的王亚克斯·阿赫克（“绿海龟”），他来自阿纳伊特城。他双手被缚，身着死去的太阳神服饰，之后将在托尼纳城被献祭。他的尊贵头衔镌刻在大腿上。（托尼纳遗址）

第120页图　这名被缚的战俘即将被献祭。他身上长长的棉花耳环和头饰都是即将被献祭战俘的典型装束。这种泥塑图像都是战争神庙墙壁上的装饰。（托尼纳遗址）

第121页图　基尼希·坎·约伊·奇塔姆二世，帕伦克巴加尔大帝的次子。在托尼纳的石碑上他被描绘为一名战俘，时在公元711年的战役之后，奇塔姆二世被俘。（墨西哥城，国立人类学博物馆）

第122页上图 这尊面具的残骸掩映在植物丛中，危地马拉皮德拉斯·内格拉斯遗址的绝大部分也都埋藏在了植物丛中。

第122页下图 王位继承人的形象展示，画在皮德拉斯·内格拉斯遗址的3号过梁上。（哈佛大学，皮博迪博物馆）

第123页图 在皮德拉斯·内格拉斯这尊王座的背面，描绘了国王的父母。铭文则记述着历史信息。（墨西哥城，国立人类学博物馆）

雅克奇兰和皮德拉斯·内格拉斯一再出现在我们的视线里，这两座城邦双峰对峙，竞逐乌苏马辛塔地区的控制权。

雅克奇兰王朝由尧阿特·巴兰（“美洲虎鞭”）创立于公元359年，这座绚烂多彩的城邦位于乌苏马辛塔河的蜿蜒之处。

这座城邦大概是在蒂卡尔的控制下持续发展，它凭借5世纪和6世纪的重大军事行动而扬名立万（尽管战果不一）。雅克奇兰的主要对手是皮德拉斯·内格拉斯和波南帕克，但也曾与蒂卡尔、卡拉克穆尔和拉坎东雨林各城邦为敌。尽管如此，学界还是认为在古典时代的多数时间里，雅克奇兰都笼罩在临近城邦皮德拉斯·内格拉斯的霸权之下。

仅仅在雅克奇兰的二十五英里开外，皮德拉斯·内格拉斯在3世纪末开始兴起。在之后至少两百年里，这座城邦不过都只是一个与雅克奇兰干戈不休的小王国而已。在某个历史时期里，皮德拉斯·内格拉斯或许也曾匍匐在卡拉克穆尔王的鼻息之下。7世纪初，该城开始与帕伦克争夺乌苏马辛塔河下游的霸权，结局大概就是它成功地控制了临近的雅克奇兰、波南帕克和拉坎哈等王国。

皮德拉斯·内格拉斯的崛起可能借助了与卡拉克穆尔的联盟，当时统治蛇之国首都的正是约克努姆大帝。

基尼希·约纳尔·阿赫克二世（“太阳神龟”，公元687年到公元729年）在位期间，皮德拉斯·内格拉斯控制的乌苏马辛塔地区开始衰落，这也许是因为同一时代卡拉克穆尔败给蒂卡尔引发的危机，以及帕伦克和雅克奇兰势力的崛起，这一时期统治雅克奇兰的是伊茨扎姆纳吉·巴兰二世。

伊茨扎姆纳吉·巴兰二世于公元681年到公元742年间统治着雅克奇兰，在该城邦的复兴过程中居功至伟。雅克奇兰在军事上战胜了同地区的其他小型政权，将领土扩张到了宿敌皮德拉斯·内格拉斯疆界边缘。伊茨扎姆纳吉·巴兰二世颁布的铭文“忘记”提及了该城公元726年在皮德拉斯·内格拉斯手下吃到的败仗，似乎也情有可原，这场战争让雅克奇兰国王的某位封臣沦为战俘。

第23号神庙建于伊茨扎姆纳吉·巴兰二世在位期间。神庙里献给他某位妻子的雕花过梁无疑是玛雅艺术史上最为精美的作品之一。三根过梁描绘了三场仪式，女主角和丈夫联袂现身：在第一根过梁上，她放眼眺望；第二根过梁则描绘了一场放血仪式，她用一根满布棘刺的绳索穿过自己的舌头；而在第三根过梁，她正在递给丈夫一顶美洲虎头盔。

公元742年，九十岁的伊茨扎姆纳吉·巴兰二世去世。他的死引发了一场王族之争，雅克奇兰的王位也因此悬缺了整整十年。在此期间，雅克奇兰很可能是处在皮德拉斯·内格拉斯的控制之下，有如下事实可以证明这一点：公元749年，雅克奇兰某贵族（大概是这段空缺期的总督）参加了皮德拉斯·内格拉斯4号君主上台执政二十周年的纪念活动。正是在这位4号君主的统治之下，皮德拉斯·内格拉斯巩固了他们在该地区的霸权。

雅克奇兰的王位空缺终于随着“飞鸟美洲虎四世”的上台而告一段落。这位新王不知疲倦地宣示他的合法性，并凭借对周边小邦的一系列军事战役深化这一点。这些战役的宣传价值恐怕要比实际成果要好得多。不过在公元759年，他成功地俘虏了一名带有典型皮德拉斯·内格拉斯头衔的贵族。这不但显示两地之间的重大冲突愈演愈烈，也足证雅克奇兰已经得以从强邻的压迫中解脱出来。事实上，飞鸟美洲虎四世在位期间大兴土木似乎也可证明：雅克奇兰已经赢得了自身的独立地位、累积了可观的财富。捍卫城邦既得地位

第124页图 位于恰帕斯的雅克奇兰，是乌苏马辛塔地区一个强盛王国的首都。该国的纪念性中心位于乌苏马辛塔河一个物华天宝的蜿蜒之处，这里也成为今天墨西哥和危地马拉之间的国境线。

第124—125页图 这位名唤“飞鸟美洲虎”的王一身戎装，和他的妻子一起被刻画在了雅克奇兰的41号过梁上。左上角的铭文蕴含了历法信息。（伦敦，大英博物馆）

第125页图 一尊被斩首的“飞鸟美洲虎”王塑像，他是城邦最著名的王。这尊塑像位于雅克奇兰33号建筑物的入口窄拱廊里，这个拱廊有个“假拱顶”。

的责任，落到了他儿子伊茨扎姆纳吉·巴兰三世的肩头。巴兰三世发动了多次军事行动以践行他的责任。这一时期的雅克奇兰一跃成为地区霸权，直接控制了拉坎哈和波南帕克这样的重要城邦。就在同时，皮德拉斯·内格拉斯也在巩固其对本地区的控制，他们发动了针对波莫纳和其他小邦的一系列战争。

两座城邦的节节胜利大概导致了他们彼此之间的争霸，并终于引爆了最终决战：公元808年，雅克奇兰国王基尼希·塔特布·斯卡尔三世击败并杀死了皮德拉斯·内格拉斯的7号君主，这座城邦在数年之后惨遭毁灭和遗弃。不过雅克奇兰的胜利只是镜花水月。记述这场胜仗的纪念碑是该城竖立的最后一座纪念碑，短短数年之后这座城邦就永远化为了一片荒烟蔓草。

第126页图 雅克奇兰的48号过梁上，这幅作品中猴子形象颇为耀眼。城邦的绝大多数浅浮雕作品都装饰在大型建筑物的过梁上。

第127页图 雅克奇兰的16号过梁，描绘了“飞鸟美洲虎”的戎装形象。他的身旁就是沦为战俘的查克·西卜·托克，被俘于公元752年2月10日。（伦敦，大英博物馆）

第128页图 雅克奇兰26号过梁，展现了国王伊茨扎姆纳吉·巴兰二世夫妻的形象。他的妻子正在递给他一顶美洲虎头式样的头盔。（墨西哥城，国立人类学博物馆）

第129页图 王后的面颊、嘴角旁边有几道细小的划痕。克斯乌克夫人乃是伊茨扎姆纳吉·巴兰二世之妻。（墨西哥城，国立人类学博物馆）

自我献祭是玛雅精英阶层里广为流行的一种礼仪实践，它由各式各样的放血仪式组成，人们相信，放血可以致幻。最为流行的放血仪式包括给人体器官穿刺（生殖器，舌头，小腿，耳朵，等等），使用的工具或是黄貂鱼脊骨，或是翡翠和黑曜石的复制品；甚至于，这些穿刺工具本身都被奉若神明，被人们以“穿刺之神”的名义崇拜。玛雅铭文告诉我们，诸国君主都会在最为重大的庆祝仪式上行使自我献祭活动，比如加冕礼、诞生礼和王位继承人的授予仪式。

雅克奇兰23号神庙的两根过梁上的装饰图案，堪称是玛雅地区所见的最佳“自我献祭”图像。其中一根过梁上，雅克奇兰的王后正在用一根棘刺密布的绳索穿过她的舌头，沿着绳索下落的血液收集在一个布满了条条无花果树皮的大碗里。另一根过梁则展示了仪式的效果（不过是来自另一场仪式）。浸满鲜血的树皮被点燃，烟柱腾跃而升、化作了远望蛇的身躯。王后的仪式也唤醒了祖先的形象——她的头部后仰，祖先就在她视野的正中央——从蛇神的嘴里喷薄而出。

君主表演自我献祭仪式大部分情况下采用的是阴茎穿刺的惯用办法，这也是体现君王通灵本事的一大手段，证明他可以与死去的先祖沟通，以此使他们的统治权合法化。这些仪式乃是玛雅王权意识形态的组成部分，王室陵墓里为数甚多的放血工具也昭示了它们的重要性。

放血仪式在中美洲地区都颇为普遍，甚至一直持续到殖民统治早期。尤卡坦主教弗兰西斯卡恩・迭戈・德兰达撰写的《尤卡坦诸事记》（1566）写道：“他们聚集在一间神庙里……然后排成一行。男人在阴茎一侧穿刺出斜斜的孔径，然后尽量用最大的绳索穿过去。他们排成一行，然后将所有性器上的鲜血洒在魔鬼身上……”

第130页图 玛雅花瓶外饰特写。玉米神以经典姿势端坐，双腿交叉，将自我献祭仪式中得来的鲜血献祭出去。（佛罗里达，中美洲研究促进基金会）

第131页图 雅克奇兰的24号过梁，描绘了自我献祭仪式。克阿巴尔・克斯乌克夫人正在将一根棘刺密布的绳索穿过她的舌头，将鲜血收集到她丈夫脚下的大碗里。（伦敦，大英博物馆）

第132—133页图 古典时代圆柱形花瓶上的这幅画作描绘了国王用大型穿孔器穿刺自己阴茎的场景（右侧），而一名祭司则在卡维尔的面具前献祭浸满鲜血的树皮，卡维尔也是“王室鲜血之神”。（私人收藏）

第134页上图 这尊雕塑装饰了科潘的某座巨型建筑物。在科潘，圆形雕塑取得了超乎寻常的艺术水准，也代表了最具玛雅风格的艺术。

第134页左下图 这座科潘祭坛就在D石碑之下，雕成了一块头盖骨的形状，代表地下世界死去的太阳。献给这位国王的祭品就放在祭坛上。

第134页右下图 描绘科潘城形形色色诸王的独立式石碑，在科潘的纪念碑广场纷纷耸立。其中绝大多数都描绘了瓦克萨克拉胡恩·乌卜阿·卡维尔，科潘最著名的王。

第134—135页图 科潘的G1祭坛描绘了一条双头龙，这是天空至高神祇的动物具象。中间铭文突出的球形物体正是太阳，这个太阳正在双头龙长满羽毛的躯体上运行。

科潘（洪都拉斯）也许是最宏伟的古代玛雅城邦，不仅因为它雄伟高耸的卫城，而且要归功于其诸多城邦纪念碑的美丽优雅。仅仅50千米之外的基里瓜拥有七八米高的巨大石柱，这在玛雅艺术之中别具一格。这两座僻处玛雅地区极南的城邦，自然资源丰富，历史休戚相关。

科潘地区甚至在前古典时代就已经人口稠密，它的王朝奠基可以追溯到公元426年，基尼希·亚克斯·克乌克·莫（“伟大太阳第一绿咬鹃鹦鹉”）登上王位的时候，他的登基与特奥蒂瓦坎“进入”蒂卡尔领土之后冒出的新王朝相呼应，与西亚·查恩·卡维尔的统治在时间上吻合。临近城邦基里瓜的首任国王托克·卡斯佩尔也在仪式上加冕为王，不过加冕礼的地点仍待确定。

科潘卫城一系列坑道的发掘，让考古学家得以发现一整套考古年代序列，其最早阶段可以追溯到亚克斯·克乌克·莫在位期间。毫不奇怪的是，他治下的建筑物呈现出了一派特奥蒂瓦坎和蒂卡尔的建筑风格，这与他本人疑似的“外来”血统相符，对从他奢华陵墓里找到的遗骨的分析确证了这一点。特奥蒂瓦坎风格的元素也见于他后来某个妻子的陵墓，这名当地女子的随葬品有华丽非凡的陈设物。她的墓室是一座玛雅风格的建筑，基本可以肯定是一座纪念先王的神殿，庞大的彩色浅浮雕上刻着先王的名字。

亚克斯·库克·莫的继任者们统治着一座富裕的城邦。科潘自然环境优越，远离佩滕雨林地区动荡的政局，太平无事地发展了几百年，既没有王朝危机，也与军事冲突绝缘。科潘也与莫塔瓜盆地和南伯利兹的各个城邦建立了重要的外交和贸易关系，临近的基里瓜一定在这个贸易网络中发挥了重大作用。基里瓜位于莫塔瓜盆地，政治上从属于科潘，这里很可能是科潘和伯利兹加勒比沿岸地区的中转站。

第135页下图 公元756年，克阿克·伊普亚吉·奇安·卡维尔将他本人的形象刻在了26号神庙高耸入云的象形字石阶脚下的M石柱上。这座石阶早在一年之前就完工了，上面镌刻了已知玛雅世界的最长铭文，记述了科潘城的王朝历史。

6世纪末7世纪初的一次洪灾摧毁了基里瓜的纪念性中心，灾后的基里瓜立即就在附近莫塔瓜河沿岸重建了一座纪念性中心，配套的港口设施也随之建成。

在这几百年的丰饶岁月里，科潘的纪念性中心逐渐因为色彩绚烂的建筑而熠熠生辉，其中最为重要的就是规制宏伟的罗萨里亚。

建于7世纪下半叶的罗萨里亚，基址就在亚克斯·克乌克·莫的陵墓之上。这座建筑物还装饰上了绚丽多彩的泥塑浅浮雕。

带国王肖像的石柱很快就演化为典型的科潘风格，君主的全身像几乎雕成了圆形，实实在在“淹没”在浓密的纹饰里，用今天的标准来讲是过度华丽的“巴洛克”艺术风格。

瓦克萨克拉胡恩·乌卜阿·卡维尔（“卡维尔十八相”）毫无疑问是科潘史上最重要也最有名的国王。他在公元695年登上王位，同一年里蒂卡尔也终于完成了对卡拉克穆尔的复仇。在瓦克萨克拉胡恩·乌卜阿·卡维尔漫长的统治期间，科潘达到了其辉煌的顶峰；其纪念性中心配上了名目繁多的系列石柱，上面画着统治者穿戴各种神祇饰品、参与各式礼仪活动的形象。

这位君主还将科潘漫长的王朝历史雕在了26号神庙的象形字石阶上，中央广场也盖起了一座全新的大球场。公元724年，瓦克萨克拉胡恩·乌卜阿·卡维尔扶植克阿克·蒂利乌·奇安·约阿特登上基里瓜王位，重申了自古以来科潘历代诸王对附近城邦“封君”的无上权力。

不过，就在瓦克萨克拉胡恩·乌卜阿·卡维尔掌权四十三年、跃居其权力巅峰的时候，难以置信之事却不期而至了：公元738年，他在一场战役中战败了。对手不是别人，正是克阿克·蒂利乌·奇安·约阿特。六天之后，瓦克萨克拉胡恩·乌卜阿·卡维尔在基里瓜的祭坛上惨遭斩首。

这场血腥叛乱的细节我们尚不清楚。不过有迹象显示，叛乱得到了卡拉克穆尔的“协助”。卡拉克穆尔出此一举，可能是为了从新近的失败中振作起来。他们尝试摧毁蒂卡尔与其盟友之间的政治联系，无论远近。

这场意料之外的败局让科潘就此堕入深重危机。城邦的政治霸权土崩瓦解，眼睁睁地看着基里瓜就此崛起、乘胜夺取了莫塔瓜这块膏腴之地的控制权。

克阿克·蒂利乌·奇安·约阿特也迅速行动，表现首都的最新动态。

基里瓜的纪念性中心翻修一新，在许多方面都模仿了科潘的建筑。这也是约阿特来势汹汹的建筑及宣传工程的一部分，意在将基里瓜的复兴与宇宙的诞生联系起来。

就在这座玛雅世界最大的中心广场，约阿特竖起了一系列巨大的石柱和肖像——每隔五年就立起一根——直接与瓦克萨克拉胡恩·乌卜阿·卡维尔在科潘广场的工程一决高下。

科潘的动物形象祭坛也在约阿特那里得到了巨型版本的“复刻”。约阿特公元785年去世后，他的继承者斯卡尔·克斯乌尔生产了玛雅艺术史上一批最为美丽的雕塑。

第136页图　该特写展示了科潘II号神庙某长凳上的浅浮雕，亚克斯·帕萨吉·奇安·约阿特于公元726年雕成。

第136—137页图　B号石碑，瓦克萨克拉胡恩·乌卜阿·卡维尔戴着几根假胡须的形象被刻在了神秘的“金刚鹦鹉山”附近。

尽管邻国侵略成性、野心勃勃，科潘似乎还是成功地得以复苏。瓦克萨克拉胡恩·乌卜阿·卡维尔之后的两任国王在位期间，新的纪念碑还在陆续建成。其中最为重要的当数“象形字石阶”的延长段（这也让该石阶成为玛雅世界最长的铭文），外饰的塑像描绘了五位科潘君主，他们身着特奥蒂瓦坎战士装束，唤醒了城邦的古代荣光。亚克斯·帕萨吉·奇安·约阿特（“破晓天空闪电第一神”）是亚克斯·克乌克·莫的第16任继承人，也是帕伦克某公主之子。在他执政期间，神庙前面竖起了一座新的祭坛。这座祭坛在王朝创始人的陵墓前面逐渐得到了扩建。这就是著名的Q祭坛，科潘全部16任君主的肖像都刻在了祭坛两侧。这些大型建筑虽然十分壮丽，但无法抵御经济危机。人口过剩

和土地侵蚀可能是触发这次经济危机的主因，科潘和基里瓜都受到了影响。两大城邦之间的某次“谅解”证据似乎也显示，他们试图联合力量来处理这个愈来愈难以忍受的处境。但他们的努力无济于事：基里瓜最后一座有日期的纪念碑落款于公元822年2月，这也正是科潘末王乌基特·图克（“火石守护神”）的加冕之月。图克的加冕始终未见完成，这是科潘城衰亡的明证。

第138页图 瓦克萨克拉胡恩·乌卜阿·卡维尔的形象在A石碑上被雕刻成了科潘的守护神坎·特·阿雅乌。

第139页左图 瓦克萨克拉胡恩·乌卜阿·卡维尔竖的B石碑，完成日期是公元731年8月22日。

第139页中和右图 H石柱，可追溯至公元732年12月5日，描绘的人物正是瓦克萨克拉胡恩·乌卜阿·卡维尔。

第140—141页图 科潘书吏院的装饰细节。一尊雕塑猴子外形的超自然保护神的形象。

第141页图 高品质石灰岩让科潘的雕塑家们完成了精致细腻而又极具表现力的作品，就像这里展示的两尊面孔一样。他们都是某座纪念性建筑物装饰的一部分。

第142页图 典型基里瓜式的雕塑包括动物形象的祭坛、雕成圆形的大块石灰岩（比如上图的P号动物状雕塑），还有中心广场那些巨大的石柱，它们在玛雅世界里也数最高（下图是D石柱的特写）。

第142—143页图 这幅鸟瞰图展示的正是基里瓜的纪念性中心。基里瓜位处莫塔瓜河流域（危地马拉），长期以来都被临近的科潘统治。不过，基里瓜最终还是凭借公元738年一次闻名于世的军事胜利赢得了独立，领导这次战役的乃是君主克阿克·蒂利乌·奇安·约阿特。

球类运动可以说是中美洲最流行也最重要的一种仪式性游戏，其推行也具备重要的政治意味。正如我们所见，中美洲第一座球场建于公元前1600年恰帕斯海岸的帕索·德拉阿玛达，其时正是等级制社会兴起的关键时段。同样地，玩球在玛雅世界也与王室生活高度相关：巨大的浅浮雕常常描绘着君主玩球的形象，他们有时还把自己打扮成胡恩·阿雅乌和亚克斯·巴兰两兄弟的英雄模样，这对孪生兄弟传说与地下世界的诸神一较高下。球场的设计理念可能就是通往地下世界的大门，因为比赛其实是“假的”，实质上是祭献仪式，战俘们输掉比赛，然后就被献祭。有几座雕塑也活灵活现地展示了某种看上去触目惊心的献祭方式：战俘的手脚皆被绑在背后，整个人从石阶一侧被扔下球场，活脱脱像是一只皮球。

球类运动一定在墨西哥湾沿岸的米塞—索克语族地区格外流行：有些古典时代的定居点甚至拥有二十多座球场，石料制成的球类游戏装备（被称为“轭”“斧”“掌”）展现了高超的生产能力，成为货真价实的杰作。

第144页人物图 这尊炫彩的陶瓦塑像来自危地马拉佩滕地区的北部，描绘了一名球员形象。（私人收藏）

第144—145页图 古典玛雅花瓶上通常只有两名球员的比赛景象，他们不是神祇就是君主，身着绚丽的衣饰，头戴华美的头冠，一同出现的还有巨大的石阶。（弗吉尼亚，克莱斯勒艺术博物馆）

我们对这种球类游戏的规则尚无准确认知，西班牙殖民时期，有机会看球赛的欧洲人几乎都将注意力放在了橡胶球上，同时期欧洲人使用的球是皮革或布料做的，有弹力的橡胶球自然会让观看者大吃一惊。不过我们知道，球员穿着宽腰带防护自己，用肩部或是侧身击打橡胶球，橡胶球必须得先触及地面才能到达球场的另一半边。传统上球场会配备角度倾斜的墙壁，以便让球能够弹回来。球场还会配上圆形的“记分牌”记录分数。

可想而知，古典时代的球队规模，球赛相关的图像上常常只能看到两名球员。后古典时代的球场会竖起墙，在上面固定篮筐似的圆环，这样的话球场就大得多，也能容纳更大规模的球队。

球员必须具备出类拔萃的跳跃才能（几乎等同于杂技）。一支前往马德里的阿兹特克球队曾给欧洲人留下了深刻印象，他们在查理五世面前展示了人类的超凡技能。

第146页图 这枚韦拉克鲁兹“斧”描绘的是一只正在啄食人类头骨的肉食动物。这些“斧子”都是与球类游戏息息相关的仪式性工具。（危地马拉城，国立考古学博物馆）

第147页图 这面记分牌出自拉·埃斯佩兰萨的球场，琴库尔蒂奇遗址附近，恰帕斯州。在这面记分牌的中心描绘了一名球员，周边铭文上的日期相当于公元591年。（墨西哥城，国立人类学博物馆）

第148—149页图 古典时代记录的球要比考古发掘或是编年史家描绘的球大得多。这也许是一种美学上的夸张，但也有不少人认为那些球是可以充气的橡胶球。（托尼纳遗址）

第149页下图 这尊石制“轭”再现了球员的防护腰带，真正的腰带很可能是羽毛制成的。图中的“轭”被雕成了青蛙的形状。这件藏品出自韦拉克鲁兹中部地区。（印第安纳波利斯艺术博物馆）

第150—151页图 两尊陶瓦塑像，展现了两名球员单膝着地的经典姿势。他们身着巨大的腰带，保护自己的一侧身体免受实心橡胶球的冲击，因为橡胶球可能重达几磅。（墨西哥城，国立人类学博物馆）

第152—153页图　这些吉安娜岛出土的塑像表现的是打扮成球员的上层贵族。正因为球类游戏和玛雅王权起源于神话，君主常常举办仪式性的比赛，重现波波尔·乌赫兄弟的故事：他们也是彰显玛雅王权的原型人物。（墨西哥城，国立人类学博物馆）

第154—第155页图 这座五层建筑乃是坎佩切州埃兹那最为著名的遗址。其建筑风格昭示了公元1000年来临之时，这座重要的尤卡坦城市成了普克玛雅的一分子。

第154页下图 埃兹那“大卫城”的北庙在五层建筑附近拔地而起。它的历史可以追溯到公元850年到公元1100年之间。

第155页图　锥形结构的古典金字塔，科巴遗址（金塔纳罗奥州）。这处遗址在尤卡坦半岛的玛雅遗址里堪称独树一帜。这座金字塔说明这座强大的城邦与同时代南部低地的诸玛雅城邦有着重要联系，比如蒂卡尔——这种建筑型制在蒂卡尔颇为普遍。

迄今为止我们检视的历史事件主要都集中在佩滕地区，不过这并不等于说尤卡坦半岛在古典玛雅文明历程之中只是个小角色。如前所述，前古典时代的尤卡坦半岛经历了几次大跃迁，之后的发展也未受干扰。在古典时代里，半岛的中部和北部实际上分成了两个主要文化区域。东区紧挨着佩滕地区，领衔的城邦科巴城与科胡里希和兹班切齐名。西北区的埃兹那、艾克巴兰和兹比查尔敦等遗址的蓬勃发展是其最大特色。

科巴遗址（金塔纳罗奥州）由几个各自独立的建筑集群构成，它们散布于大型泻湖附近的尤卡坦低洼雨林里。科巴

遗址纪念碑的风格与佩滕地区发现的极为相似。高耸入云的金字塔，为数甚多的石柱，石柱上国王和王后们践踏战俘的浅浮雕形象，这些都足以证明，这座尤卡坦都会与南部佩滕低地诸强权之间保持的联系有多么重要。

埃兹那（坎佩切）毫无疑问是尤卡坦玛雅最为重要的定居点之一，它从前古典时代中期（公元前600年）一直到后古典时代（公元1450年）一直都有人居住。在古典时代前期，这座城市与南面低地地区保持了重要的商贸关系，其影响不但体现在各式各样的建筑元素中，还催生了精美的泥塑面具。这些面具绘着太阳王的形象，装饰着第414号建物。公元700年之后，埃兹那一跃成为重要的普克玛雅重镇。也正是在这一时期，著名的“五层楼建筑”修建完成，直到今天也是地标建筑。

第156—157页图 这幅图景展示的是尤卡坦艾克巴兰的南广场。图片中央的巨大的建筑物名为“双子楼”。图右是该城的球场。

第157页右上图 这幅照片展示了兹比查尔敦的石碑。兹比查尔敦位于尤卡坦，也是寿命最长的玛雅城邦之一：它的繁荣景象从前古典时代中期一直持续到西班牙入侵前几十年。背景中的“七娃娃庙”清楚可见。

第157页右下图 艾克巴兰的巨型建筑，被称为“椭圆宫殿”。这座尤卡坦城邦在公元700年到公元1000年间享受了很长一段的繁荣时光，先后建立了与科巴和普克诸城（比如奇琴伊察）的外交关系。

公元700年到公元1000年间繁盛一时的艾克巴兰遗址同样值得关注，特别是它们绚烂非凡的泥塑建筑腰线。这些腰线装饰着城邦的巨大卫城，描绘着从大怪物嘴里现身的君主——乌基特·坎·莱克托克。

兹比查尔敦也是从前古典时代以来就一直有人居住，并在公元700年后达到文明巅峰。从这处遗址发现的含日期的纪念碑都建于公元9世纪，像“七娃娃庙”这样著名的城市大型建筑物就是在这一时期诞生。

尤卡坦遗址的一大特点（尽管这并非该地特有）是数不清的“萨克贝奥卜”，也就是连接不同定居点的“白色道路”或堤道。它们的修建大概正是为了让各地之间的联盟更为紧密，同时提升这些联盟隐含的贸易联系和外交。

古典时代的尤卡坦半岛最南端地区见证了两种风格迥异建筑风格的演化，它们也以某种方式代表了佩滕地区和半岛北部地区的“连结”。在尤卡坦半岛北部，普克地区在古典时代晚期最具活力和政治稳定，一跃而起成为玛雅世界里独占鳌头般的存在。

古典时代末期（公元600—公元900年），里奥贝克风格也在坎佩切州和金塔纳罗奥州这样的南部各地得到了发展，在如下遗址中得到了淋漓尽致的展现：里奥贝克（后来便以此命名）、克斯普西、霍米格罗、齐坎那。近年来学界对某些遗址（比如纳兹卡恩）的研究已经证实，里奥贝克风格在佩滕风格生根的地方得到了长足发展，它们大概也代表

了卡拉克穆尔影响范围的最北边界。里奥贝克风格最具特色的元素，要数金字塔建筑里“假穹顶”和纯粹装饰性“前台阶”的运用。装在这些建筑顶部的尖顶是一特色，显然是从佩滕建筑风格复制而来的。里奥贝克建筑的另一常见元素是神庙的正面装饰，错综复杂的石灰嵌花打造出了“地妖”张开的血盆大口的样子，霍乔布的2号神庙堪称是这一特色的极致展现。

切尼斯建筑风与里奥贝克地区联系紧密，其演变发展之地要略微偏北一些。这种建筑风格见于霍乔布、兹比尔诺萨克和塔巴斯克诺等遗址。动物形状的开放式立面在该地区同样普遍，它们常常有着突出式的塑像。这个特色后来也将成为附近普克地区的一大典型，那里也是古典时代末期尤卡坦半岛文化发展的中心地带。

第158页图　乌基特·坎·莱克王陵所在的“塔”有着动物形状的立面，外凸的泥塑浅浮雕描绘了山丘或是维特茨怪兽张开的大嘴。

第158—159页图　乌基特·坎·莱克陵墓的泥塑立面也呈现出几尊圆形人雕，比如这个：一名男子端坐在维特茨怪物的眼睛里。

公元700年到公元1000年间，位于尤卡坦半岛西北的普克低丘地带享受了一段文化分外繁荣的时期。这里出现了多个极具活力的政治实体，统治他们的乃是乌斯马尔、卡巴赫、萨伊尔和奇琴伊察这样的城邦，一种全新的建筑风格成为这些城邦纪念性中心的显著特色。该风格最为突出的特质就是建筑物立面的运用：精雕细琢的石灰岩组成的主题丰富的镶嵌壁画，辅以回纹饰、格状物，各式各样的廊柱和巨大的神祇面具。

我们还不大清楚，普克地区的发展是否与墨西哥湾沿岸琼塔尔玛雅人或是普顿玛雅人的迁徙有关。从几则史料来看，伊察和克斯乌血统的移民在7世纪和8世纪之间来到了尤卡坦半岛。不过也有史料将这个日期推到了之后的几百年。

不论如何，在普克地区崛起的头几百年里，乌斯马尔都是半岛北部重要的中心城市。乌斯马尔能取得这个地位，大概也是凭借与卡巴赫和诺基帕特两座城邦的钢铁同盟。我们今天在这座都会见到的许多大型建筑都可以回溯到查阿克王在位的时候，他从9世纪末到10世纪初统治着乌斯马尔。

查阿克王建起了闻名于世的修女四合院，这组建筑群由四座建筑物构成，它们的立面都装饰着喻指创世神话的图案，暗示与神圣王统的联系。不过这处王室居所或是“政府机构所在地”可能只是总督府而已，它的立面正对着金星在南天末端升起的位置。一尊双头美洲虎状的王座安放在神庙之前，我们很容易就能联想到，君主会在金星现身的时候高踞王座，昭示王室人物与战争之星的联系古已有之。魔法师金字塔以其圆形拐角在玛雅建筑里自成一派，这座金字塔也在之后不久建成。

第160页上图 位于尤卡坦半岛的纪念性城市乌斯马尔，体态巨大的魔法师金字塔是城市的地标建筑。乌斯马尔兴盛于公元8世纪到10世纪之间，是最重要的普克玛雅城邦之一。

第160页下图 修女四合院是乌斯马尔主要建筑集群之一，四座大型建筑物围着一块四方形中庭，修建于公元900年到910年之间。修建者是查阿克王一城邦最重要的君主。

第161页图 这尊面具是修女四合院一座建筑的拐角装饰，长蛇状的鼻子乃是雨神查克的标志。

第162—163页图 高达四十米的魔法师金字塔，乌斯马尔最为动人心魄的建筑物。金字塔东侧有一座小神庙名为“群鸟四方院”。

第163页上图 组成修女四合院的诸建筑，都拥有喻指创世神话的装饰：神话故事或许也与城邦的政治秩序有关联。

第163页中左图 修女四合院的东楼。该建筑结构狭长低矮，具备古典时代末期尤卡坦半岛的典型建筑风格，也与玛雅其他各地和中美洲各地的风格相类。

第163页中右图 乌斯马尔某建筑物的装饰，羽蛇神的形象引人注目。这尊神祇昭示着，蓬勃向上的“墨西哥”影响力已经在古典时代末期触及尤卡坦半岛。

第163页下图 这座总督府很可能就是“波波娜”——市政府所在地。建筑立面之前有一尊双头美洲虎王座，君主会在金星运行到南极点的时候坐在这里。

其他经典普克建筑元素还包括萨伊尔和卡巴赫的多层建筑，“萨克贝奥卜”起始处设立的拱顶。卡巴赫和拉布纳有很多著名的拱顶，拉布纳的拱顶堪称玛雅建筑珍品。

此时的政治关系延伸到了普克地区之外，埃兹那的五层楼建筑和奇琴伊察的建筑风格都有普克元素，修道院、阿内克斯、教堂、红宫、阿卡布·兹比堪称最有名的普克建筑。

乌斯马尔对普克地区的控制，可能与奇琴伊察的联盟有关。不久之后，奇琴伊察利用了震撼普克玛雅地区的政治剧

变，一跃成为玛雅世界最为重要的权力中心。

普克诸国持续繁荣到了10世纪末。新的文化元素也在那个时候进入尤卡坦半岛，冲击着该地区的政治架构，开启了一个我们称之为后古典时代的新时期。

第164—165页图 诸神的面具和廊柱交错散落在这座三层建筑“大宫殿”的立面。位于尤卡坦半岛的萨伊尔。

第165页下图 拉布纳的拱顶，非常著名的普克纪念建筑。

古典玛雅文明的“没落”是一个争论不休的火爆话题，但直至今日我们还是没有真正让人信服的解释。在检视这一历史事件之前，我们必须澄清经常见到的一堆误解。首先与普遍认知相反的是，这个“没落”并不是一场灭绝整个玛雅文明的扫荡式事件。事实上，“没落”仅仅局限在一块特定区域（南部低地地区）。虽然这块区域非常重要，但它也只是古典玛雅文明发展所在的诸多地区中的一个而已。事实是，南部低地一蹶不振的时候，其他地区正享受着它们的黄金时代，直至一百多年以后才开始“没落”，有的根本就没有没落。这方面的突出例证要数尤卡坦北部的普克诸国，半岛东南沿岸诸国（比如兹班切、科胡里希、拉马纳伊、阿尔吞哈、诺赫穆尔），以及帕西翁河流域诸国（比如塞巴尔、阿尔塔·德萨克里菲西奥斯）。第二，公元800年到公元900年间冲击南部低地的这次“没落”，也绝不是什么从未发生过的新鲜事件。正如前文所述，一场大型危机曾在前古典时代末期将尽的时候降临，佩滕北部的几个大国，比如埃尔米拉多尔，都化为乌有。

另外，我们常常忽视中美洲其他地区的政治事件也会影响到中部玛雅地区。特奥蒂瓦坎在公元650年被付之一炬，失去了墨西哥中部的支配地位。紧随其后的一连串“没落”事件也冲击了其他各大古典城邦，比如萨博特克（瓦哈卡州）的重要都会乔卢拉和蒙特阿尔班。“没落”引发了这些地方的移民潮，彻底重塑了政治格局：这也势必会对玛雅地区造成影响。

不过不可否认的是，南部低地诸国的没落是现象级的重大事件，终结了千年以来支配这块地方的文明体系，其所引发的人口剧降让南部低地再也无法光复。这次大没落的原因基本上有两种解释：内部社会政治因素和外部环境因素。有关前者的诸多解释里，我们可以援引古老的农民起义理论，他们起来反抗需索无度的贵族阶层。更新近的学说也认为，中央权力从公元7世纪开始似乎就已经日益弱化，精英阶层的壮大反映了这一点。

第166页图 卡巴赫建筑“科兹波普”的东立面。这块立面的浮雕刻画了一系列城邦统治者的形象。这座面部雕像显示了普克玛雅艺术如何从古典玛雅艺术元素中偏离出去。（墨西哥城，国立人类学博物馆）

第167页图 这两尊塑像依然挺立在科兹波普的西立面。它们比真人体态要大，由石块拼装而成。背景则是由绿咬鹃羽毛构成。

第168页上图 卡巴赫最重要的宫殿。与普克城的其他建筑一样，这座宫殿也俯视着同一所广场：科兹波普。广场中央树起了一尊石碑。

除此之外，纪念建筑上频繁出现拥有“阿雅乌”头衔的平民，而在几百年前，这种待遇只有最高统治者才能享有。

关于外部生态环境因素的各种学说在近年来方兴未艾。研究认为，人口增长和过度垦殖引发了土壤的贫瘠，水土流失，这才是危机的主要因素。古典时代末期接踵而至的干旱期，似乎也导致了环境的恶化。

上述假说都在某些考古遗址得到了证实，但没有一项假说可以放之四海内皆准，因此很难将任何一项假说归结为玛雅文明没落的单一主因。尽管这个难题的答案仍然遥远，但无疑的是我们必须将各式各样的因素合在一起才能解答。古典玛雅在联盟、分裂、没落和重生的政治体系中循环往复，艰难地应对着一段很有可能受到气候因素影响的关键时期。为了应对危机，玛雅各族群给了各个贵族世家更大的独立性，也增强了彼此之间的政治经济竞争，导致战争频发，作战方法演变。到古典时代末期，战争变得更具毁灭性，坎昆的遗址就是明证。而在同时，“非传统”的玛雅族群开始进入低地地区，比如墨西哥湾沿岸的琼塔尔。这些非传统族群将中墨西哥的典型文化元素引入玛雅低地，同时还带来了更适应多种族社会结构特质的新政府形式。古典时代末期将尽时的特征是移民，上述变化正是移民带来的。

在这种情势之下，“阿雅乌”的古老统治政权便显现出它应对社会结构和经济巨变的无能。延续了一千多年的权力迅速瓦解，触发了玛雅文明无止境的螺旋式下降，结果就是族群放弃了纪念性中心，迁徙到了农村地区（可能相距很远），这些地区相对于佩滕政权来讲，可谓是“边缘”地带，来到这里的各族群最终适应了新环境，并在随后的几个世纪里达到了新的文明高度。

第168页下图和第168—169页图 科兹波普广场的“面具”，通常都被解读为雨神查克的肖像画。但最新研究说，他们绘制的形象其实是伊特萨姆·卡布埃因，这头怪物以美洲鳄鱼的形象代表着大地。

4

新世界的勃兴：后古典时代（公元900/1000年到1521年）

第171页图 这面嵌花圆盘由绿松石和贝壳制成，描绘了四面羽蛇神的形象，来自奇琴伊察。（墨西哥城，国立人类学博物馆）

第172页上图 这座城堡是为了库库尔坎崇拜，也就是羽蛇神崇拜而建。这尊神祇乃是后古典时代前期广为传播的政治意识形态的基石。

第172—173页图 城堡在奇琴伊察主广场中央拔地而起。武士神庙在图的左下方清楚可见，球场则在图右。

第173页图 这尊查克穆尔和一张红色美洲虎形状的王座，见于“旧版”城堡的顶部。这座城堡后来被更晚近的金字塔建筑覆盖。

玛雅地区所谓后古典时代的到来，正好与普克诸城爆发危机的时间重合。换言之，这些政治实体在公元700年到公元900年间享受了最美妙的一段繁盛岁月，这段时间也是他们南边“表兄弟”的衰落时期。引发普克玛雅危机的一大因素是下墨西哥湾沿岸各族群的不断涌入，特别是琼塔尔帕地区的移民。

史料记载伊察和克斯乌后裔的琼塔尔玛雅人也许对普克地区的发展有很大推动作用。不过在这个时候，新移民触发的社会和政治机制也造成了尤卡坦各中心的没落，比如乌斯马尔、卡巴赫和萨伊尔。

这些新移民最大的特点是新政治意识形态的觉醒。它们发轫于墨西哥中部。

奇琴伊察（意为“伊察井口之中”）成功借助普克城邦的文化和政治条件发展成为最庞大、最重要的墨西哥式尤卡坦都会。

这座城市成了伊察玛雅人治下的统治中心。伊察玛雅人，这个族群也在半岛其他各地定居（比如说埃兹那，这个名字意思是“伊察人的房子”），与其他玛雅族群（比如克斯乌）紧密联系并支配着那里的政治格局。

伊察玛雅人治下的纪念性中心是奇琴伊察。托尔特克文化在这一时期支配着墨西哥中部这座城市，玛雅世界里最为引人瞩目的建筑就是典型的托尔特克文化风格。城堡是一座

建在广场中央的九层金字塔，金字塔顶端是一座祭祀库库尔坎（“羽蛇神”）的神庙，库库尔坎实际上是墨西哥中部神话人物“魁札尔科亚特尔”的一种诠释。这尊神祇的形象就雕刻在金字塔的廊柱上，也在某座石阶的栏杆上有所体现。每逢春分和秋分，光学效应会让栏杆上的库库尔坎显现为两条长羽巨蛇，从金字塔的顶部“降临”。

第174—175页图 这座武士神庙完美整合了玛雅艺术和墨西哥中部传统文化。神庙很可能就是奇琴伊察政权的前身。

第174页左下图 武士神庙的装饰性腰线，描绘了鹰和美洲虎的形象，是典型的墨西哥中部艺术风格。这些动物也许正是特定武士阶层的守护神。

第174页右下图 武士神庙外墙的浅浮雕，刻画着“托拉维斯卡帮提克乌托里”，也叫作清晨升起的金星。

第175页左图 武士神庙入口处的查克穆尔。这尊查克穆尔大概是用来收受祭品的，雕像的膝盖处设置了圆盘。查克穆尔起源于墨西哥北部，时在古典时代末期。

第175页右图 这尊羽蛇神的长吻立在武士神庙入口处，用作入口两根廊柱的基座。雕刻而成的长廊柱构成了蛇身，尾端则是一根响尾蛇状的柱身。

武士神庙与城堡相邻。这座神庙和临近的长柱廊，大概就是政府的所在地。在楼顶神庙的入口前面，两根雄伟的廊柱分立左右，呈现着羽蛇神的形象。一尊查克穆尔耸立于前，膝盖部位的圆盘用来收集祭品。神庙之内的其他廊柱装饰着武士形象，外墙画着托拉维斯卡帮提克乌托里，这尊与金星有关联的战神是晨星。

中央广场的两块低矮平台也喻指战争：金星平台刻画了托拉维斯卡帮提克乌托里的形象；鹰与美洲虎平台则装饰了这两种动物的图像（大概也象征着武士的等级），图中的鹰和美洲虎都以人心为食，这些人心来自战争和献祭。

中美洲最大的球场，可在奇琴伊察广场的西侧见到。装饰这座球场的是一长串浅浮雕，描绘着两支球队以及某球员被砍头的场景。美洲虎神庙则有着种种战争主题的浅浮雕和绘画，神庙本身也是球场的附属物。这座城市赖以得名的石灰岩井就位于广场北侧，这口巨大的喀斯特水井被认为是通往另一个世界的仪式性入口，水下诸神就住在那个世界。考古学家进行挖掘的时候，发现了井里的祭品包括了不计其数的贵重饰品和人类。

第176页上图 鹰与美洲虎平台上的装饰石板勾勒了鹰和美洲虎吃人心脏的场景。这两种动物代表了奇琴伊察的武士层级，但也象征了宇宙中两大互相竞持的境域。

第176页中图 金星平台的装饰性浅浮雕描绘了托拉维斯卡帮提克乌托里（晨星金星）的形象，这颗星星被拟人化为一名武士。金星在天空的位置常常昭示着最有利于作战的时机。

第176页左下图 这幅特写展示了战争主题的浅浮雕，装饰着美洲虎神庙附属建筑物的内部。只见一名身着羽饰美洲风帽子的武士，与之比肩的还有一条蛇。

第176页右下图 “佐姆潘特利”是用来陈列献祭战俘头骨的骷髅架，外饰的浅浮雕描绘了人类头骨的修长线条。

第176—177页图 两颗威严的羽蛇神头颅从金星平台的栏杆延伸而出。背景中拔地而起的美洲虎神庙硕大无朋，它是奇琴伊察巨大球场的附属物。

第178页左上图 这幅浅浮雕位于奇琴伊察大球场的一侧。画面中的球员衣着华丽，身前戴着宽腰带一样的轭，手臂佩着防护设备，右手抓着礼仪用斧。

第178页右上图 奇琴伊察球场的浮雕，描绘了一只球，上面是人的头骨，烟雾从其嘴边缭绕而出。

第178—179页图 奇琴伊察球场是中美洲地区最大的一座球场。其面积大小足以说明后古典时代的球队规模比古典时代的要大。

第179页下图 北庙在奇琴伊察球场的背景里清晰可见。右侧的美洲虎神庙装饰着彩色浅浮雕群以及战争主题的壁画，它们显然都与球类运动有关。

第179页上图 石质圆环高悬在球场一侧，装饰着羽蛇神的形象。圆环充当了篮筐，球员得将橡胶球从中穿过。更早的球场没有这样的圆环，一直到后古典时代才被使用。

不过，在这样一个千年以来都是玛雅文化中心的地区，为什么存在如此之多的墨西哥（墨西哥中部地区）元素？学界多年来的看法是，奇琴伊察实际上是被托尔特克各族群征服了。托尔特克人的首都图拉（伊达尔戈州）是墨西哥中部的权力中心。根据这一理论，托尔特克人正是和其军事领袖魁札尔科亚特尔（“羽蛇神”）一起来到尤卡坦半岛，打造了一个“玛雅—托尔特克”混合型文化，将奇琴伊察转化为图拉的“复制版”。

不过现在我们知道的是，奇琴伊察从未被托尔特克征服过。尤卡坦玛雅人和新来的琼塔尔玛雅人一样，都是接受了

许多墨西哥文化元素的族群，比如羽蛇神崇拜、战争崇拜和政府模式。

这些文化元素之所以得到吸纳，似乎是出于政治要求：后古典时代的玛雅需要一种可以与各个多种族新型政治实体相应的意识形态，古典时代末期涌现的众多移民造就了这些政治实体。

中美洲大部分地区都出现了这样的社会变革，王朝式政体逐渐被淘汰。在这些王朝式政体里，“阿雅乌”凭着与建国国父的亲属关系而统治着同一语言的各族群，详细的历史铭文成为政治宣传的得力手段。但特奥蒂瓦坎衰亡之后，墨西哥中部出现的新政治模式取代了上述一切。

在该政治模式里，领导者是贵族阶层组成的所谓“政府委员会”，他们以“兄弟”之名自称，并得到羽蛇神的庇佑。这尊神祇是全人类的创造者，是一种普世主义的核心。

采用这些新型政体之后的奇琴伊察，也顺势成为一个城邦联盟的首都。这个联盟大概包括了各式各样的伊察中心城市：伊萨马尔、玛雅潘和埃兹那。不但如此，奇琴伊察还在公元1000年到公元1200年间将自己的霸权延伸到了尤卡坦半岛的许多地区。行使权力的方式包括发起新的战争，它们都与羽蛇神崇拜息息相关。以鹰和美洲虎为标志的大型军队发动征服战争。他们的任务——至少从意识形态、宣传的角度来讲——就是要掠夺战俘献祭。毫不意外的是，我们在图像群中总能反复发现类似的祭祀主题，装饰着尤卡坦大型城邦广场的四周建筑物。

根据后世历史记载的说法，与邻近城邦伊萨马尔和玛雅潘之间的冲突，乃是奇琴伊察灭亡的终极原因。玛雅潘的统治者胡纳克·塞埃尔（尤卡坦半岛的著名王族科科姆的苗裔）利用奇琴伊察君主和伊萨马尔君主之间的某场冲突，在墨西哥或是琼塔尔雇佣兵的帮助下，打败并洗劫了奇琴伊察。这个故事的细节可能过于传奇，但事实不可否认，公元1200年到公元1250年间，奇琴伊察被遗弃。同时期，玛雅潘发展成为地区性中心。

第180页左图 “女修院”和“教堂”各自的附属建筑，乃是奇琴伊察最知名的两座普克式建筑。

第180页右图 这座藏骨堂（也称主教墓）乃是一座饰有羽蛇神和“云蛇”形象的金字塔型建筑。塔底有一方小型天然洞穴，出土了一些人体遗骸。

第180—181页图 这座“卡拉科尔”（椭圆天文台）与观星有某种关系，但用途尚不明确。它建于古典时代末期，后期经历过重建。

第181页下图 这座‘红宫”建在一座高高的基址之上，也是奇琴伊察的普克建筑之一，复杂的嵌花腰线装饰着红宫的上半部分。

科科姆家族统治下的玛雅潘继而崛起，“墨西哥风”的传承成为该国的标志，这同时也是奇琴伊察的建筑特色，它反映了半岛玛雅人古代诸传统的复归。玛雅潘最重要的金字塔建筑“城堡”，实质上就是奇琴伊察同名金字塔的复制品，它是为了献祭库库尔坎而设。“卡拉科尔”和“主教墓”等其他奇琴伊察的建筑在新的首都得到重建，新首都试图成为一座新的托兰城。除了复制奇琴伊察的建筑物，玛雅潘的君主也建造了典型的玛雅建筑，尤卡坦的纪念中心至少有二十五根石柱。

玛雅潘被包围在城墙之中，中心地带大约有一百二十座民用和仪式建筑，四周则是贵族宅邸和四千多处房屋。根据考古和历史信息，玛雅潘统治着一个联省联盟，各省贵族都住在纪念性中心，并在那里监看自己的故土。这么一来，玛雅潘的十三根廊柱建筑可能就代表了首都治下十三行省的行政大楼。

玛雅潘的财富似乎并不仅仅依赖于它对各附庸省份的控制，还有与墨西哥湾沿岸地区和危地马拉高地地区建立起来的紧密贸易关系。长距离贸易的重要性日渐增长，在玛雅潘

繁荣的顶点形成规模，是玛雅后古典时代最独特的一个元素。然而，玛雅潘王国同样国祚短暂。15世纪中叶，玛雅潘惨遭洗劫遗弃，起因大概是一次内部叛乱，叛军领袖名唤图图尔·克斯乌。叛乱以科科姆家族遭逐告终，他们的权力体系也轰然瓦解。

第182—183页图 玛雅潘成功地填补了奇琴伊察没落之后带来的权力真空，并在公元1250年到公元1450年之间，于北尤卡坦称霸。

第183页上图 玛雅潘的不少建筑都是奇琴伊察的复制品。祭献库库尔坎的“城堡”在背景里清晰可见。

玛雅潘中央权力的轰然倒塌给尤卡坦半岛带来了一种巴尔干化的政治格局，半岛分裂为多个独立省份（西班牙人征服的时候共有十六个省）。这些省份被称为“库奇卡巴洛布”，统治者则是当时玛雅潘的贵族后代，比如图图尔·克斯乌、卡努尔、科科姆、切尔泽赫、库普尔和佩赫。尽管在政治上支离破碎，但尤卡坦各派仍然维系了半岛各族群与普顿玛雅人（琼塔尔玛雅人）之间的商贸关系，正是这两个族群控制了下墨西哥湾沿岸地区和遥远的洪都拉斯、萨尔瓦多地区之间沿海往来的路线。

上述小型省份都拥有不菲财富，图卢姆废墟（金塔纳罗奥州）出土的那些文物堪称最佳考古证据。图卢姆是尤卡坦半岛东岸的一座古城，旧名扎马。这座小型纪念性中心有城墙环绕，由供奉库库尔坎的神庙“城堡”统治，四周的不少大型建筑物都不禁让人想起玛雅潘的旧物，其中一等一的就有“壁画神庙”，这里的画像画着典型的玛雅神祇，其画意风格打上了墨西哥中部的深深烙印（其他半岛中心也有这种风格，比如科罗萨尔的圣丽塔），因此也就见证着后古典时代几百年里尤卡坦半岛上经久不休的“文化杂交”。

第184页左上图 金塔纳罗奥州的图卢姆城（古城扎马）是后古典时代末期尤卡坦半岛最繁荣的政治和商业中心之一。西班牙人到来的时候，这里仍是一座繁华的城市。

第184页左下图 图卢姆的主建筑“城堡”，同样是为库库尔坎崇拜而设。库库尔坎的形象就画在神庙入口两侧的廊柱上。

第184页右上图 壁画神庙是图卢姆最具知名度的建筑物之一，神庙内部各壁画的风格清楚反映了墨西哥中部的强大影响力。

第184—185页图 图卢姆的防御坚城。此地俯瞰尤卡坦半岛的加勒比海岸，控制了多条沟通墨西哥湾沿岸和辽远的洪都拉斯海岸港口之间的沿海贸易路线，这是扎马古城得以兴起的主要原因。

第186页下图　《马德里抄本》这几页写的是与猎鹿有关的礼仪性活动。抄本的纸质书页是手风琴式的，用石灰染白，并以亮漆着色。这些染料都来自有机和矿物颜料。（马德里，美洲博物馆）

第186—187页图　著名的《马德里抄本》。有四部西班牙殖民之前诞生的玛雅典籍有幸躲过焚毁并流传至今，《马德里抄本》就是其中之一。这些典籍的主要内容包括天文、历法和词典。（马德里，美洲博物馆）

我们对玛雅书写文化的了解，绝大多数都来自纪念建筑铭文。但这不代表玛雅人没留下我们后人定义的“真正的书”。不幸的是，数千本玛雅典籍只有四本（今天我们称之为古代玛雅典籍）留存至今：《德累斯顿抄本》《巴黎抄本》《马德里抄本》和《格罗里埃抄本》。四部抄本都可追溯到后古典时代末期或是13世纪中叶之后的时代，其中三部都在西班牙殖民期间被运到欧洲并收藏于欧洲图书馆；第四部《格罗里埃抄本》则被秘密埋在墨西哥南部的一处干燥洞穴，后来又在20世纪60年代中期流入地下市场。

上述四部抄本都是由树皮纤维制成的纸条编成，表面覆以石灰膏。准备停当之后，纸条会扎成手风琴式，放进两块木质封皮里（有的时候会用美洲虎皮）。

《德累斯顿抄本》无疑是玛雅抄本里最为美观也是最为复杂的一部。这部抄本极有可能出自尤卡坦半岛，74页里包括了天文和礼仪的相关内容，包括金星历和日食月食预测图，还有论述不同神祇的章节。这些图像非常精细复杂，基于这个判断，抄本很可能是更古老抄本的复制品，原型也许可以追溯到古典时代。

《格罗里埃抄本》的真实性长期以来备受质疑，书中金星历法的部分与《德累斯顿抄本》极为相似，但没有那么成熟。

《巴黎抄本》很不幸地遭到严重损毁，现仅存22页，其中包括历法预测和对创世的描述，还有一幅黄道十二宫图。

按照某些学者的说法，《马德里抄本》编纂于17世纪的塔亚索。这部抄本有112页，内容是对诸神，以及与狩猎、农业和养蜂有关的仪式活动的介绍。

尽管所有现存的抄本都可追溯到后古典时代末期，相似的抄本在古典时代也有出产。古典时代的瓷器制品上可以找到对抄本的描述文字，但在玛雅和米塞—索克各地，我们也

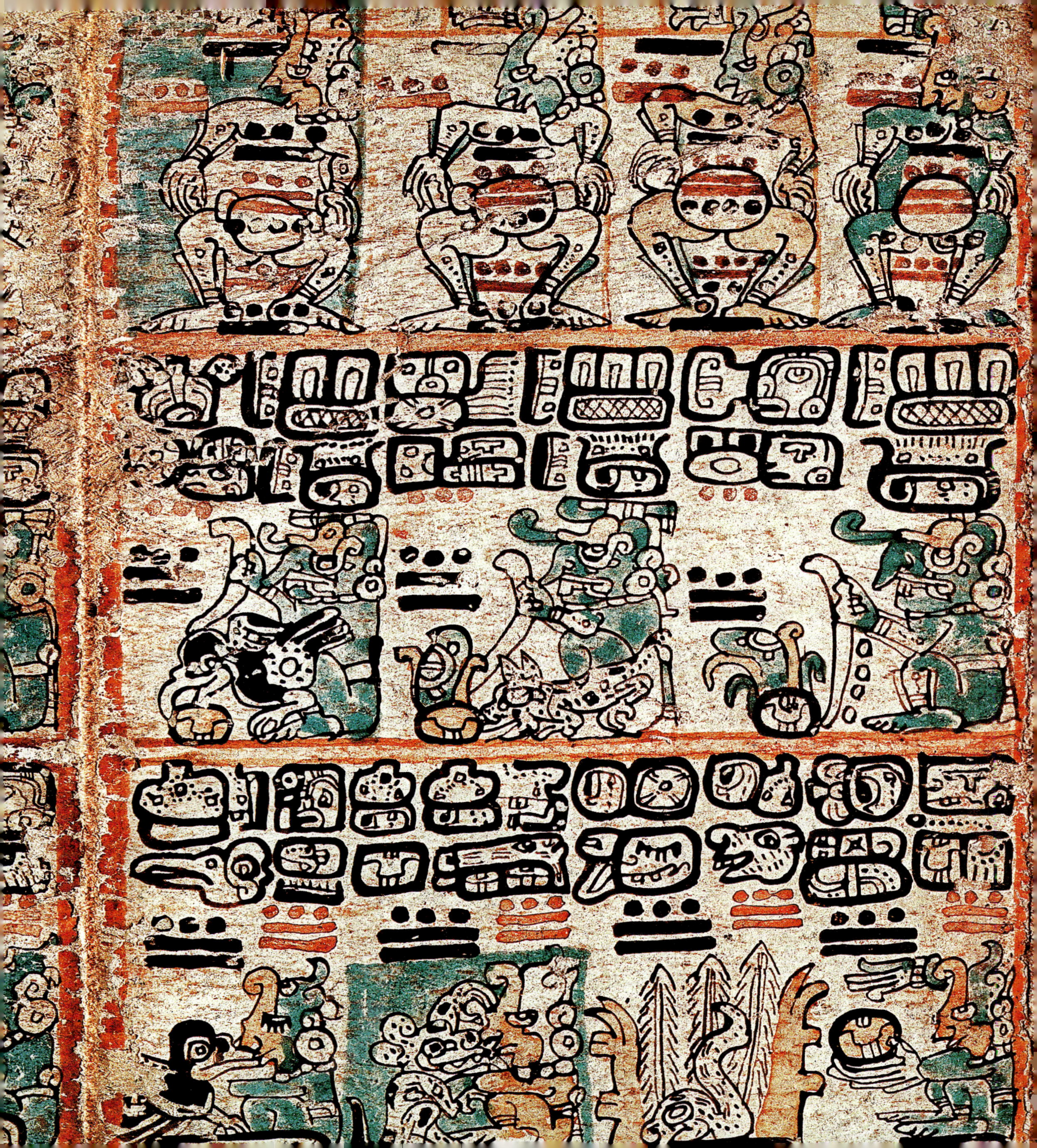

在后古典时代的恰帕斯和危地马拉高地，独立好战的王国应运而生。这些王国可能正是源出玛雅低地诸城邦没落之后的各族移民。在古典时代末叶，形形色色的玛雅族群挺进高地地区，随身带来了强势的墨西哥式玛雅文化。这种文化正是他们与墨西哥湾沿岸和乌苏马辛塔流域的普顿玛雅人（琼塔尔玛雅人）密切接触的产物。

上述入侵族群里最为卓著的要数“基切”，这个族群据说是传说中托兰城的后裔子孙。借由娴熟的政治军事方略，基切很快就成功地将其领地扩张到了高地地区的广阔地域。根据基切神话的集大成之作、史诗集《波波尔·乌》所述，基切族的祖先与高地地区的不少贵族世家有过通婚，就此奠立了后来闻名的几大氏族：基切、卡克齐克尔、拉布伊纳尔和兹乌图吉尔。

上述神话传说也与考古数据吻合：公元1200年左右建成的雅卡维茨乃是第一个基切定居点。据说，基切君主兹伊金正是从这里出发征服了拉布伊纳尔和伊克马克伊。征服完成数十年后，基切将他们的首都迁到了伊斯马奇，那里的内部争斗将基切社会一分为三，其中最为高贵强大的那个群体在克乌马卡吉（乌塔特兰州）建起了一座新首都。值得瞩目的是，统领他们的君主名叫克乌克库马茨，也称“羽蛇神”。这无异于证明了一个事实：该群体也有着与同一时期里中美洲地区某些最普遍政治模式相同的政体。克乌克库马茨及其继任者在位期间，基切成功地将他们的势力范围扩展到了整个高地地区，并且延伸到了太平洋沿岸。似乎是在这一时期，基于各自独立氏族联合共存的政治组织也演变成了中央集权的国家。尽管，原先的各家各派继续在其中扮演了重要角色。

不过，基切的政治架构还是很快开始解体了。15世纪的标志性事件就是卡克齐克尔（他们在勒克斯姆切建成了自己的首都）和兹乌图吉尔的叛乱，以及基切对拉布伊纳尔发动的一系列军事战役。有关这些战役，我们可在一部名为《拉布伊纳尔阿奇人》文学剧作中得到印证。该剧于1862年面世，记录者是夏尔·埃蒂安·布拉瑟尔·德布尔布尔格。

基切人向危地马拉西海岸扩张的结果就是让该族群与阿兹特克人产生了接触，彼时的阿兹特克还正在征服索克努斯科省。这些接触很快就演变为等级制的封臣关系，克乌马卡吉也在公元1510年成为阿兹特克联邦的附庸国，这种关系一直保持到了西班牙征服时代。

基切王国在危地马拉高地地区浮沉的同时，玛雅各族群在恰帕斯高地生息繁衍而成的其他中心也经历了一番兴衰枯荣，其中就有佐齐尔、泽尔塔尔和卡尼约巴。最知名的要数重要的贸易中心兹纳坎坦，即便到今天这里也是某个著名佐齐尔玛雅社区的中心。这个社区在20世纪是最为重要的民族志研究课题之一。

第188—189页图 这是《马德里抄本》的其中两页，我们看到雨神查克的形象重复了好几次。象形字图像也和形声字符、条和点组成的数字记号交替使用。（马德里，美洲博物馆）

第191页图 尽管我们今天所知的《波波尔乌》版本可以追溯到殖民地时期，古典时代的许许多多肖像都对这部传奇史诗有所呈现。在这面古典时代出土的盘子上我们看到，神圣孪生兄弟正在观察玉米神从大地的重生，他的形象是一只乌龟。（波士顿，波士顿艺术博物馆）

传教士向玛雅人传授字母文字的时候肯定没有想到，玛雅人不但会用新学的字母来撰写祷词和教理问答，也会用它们来书写传统的宗教经文。结果就是，殖民时代玛雅各族精英得以传习这些经文。如果宗教经文还以传统象形字形式书写的话，很容易就会被西班牙人查获销毁。留存至今的玛雅经文包括《卡克奇克尔斯年鉴》《索罗拉回忆录》《托托尼卡潘贵要录》《奇拉姆·巴兰之书》《拉布伊纳尔阿奇人》和《波波尔·乌》。其中最著名和最重要的无疑是《波波尔乌》（“议会之书”），这部基切人的神话文本在一位名叫弗朗西斯科·希门尼斯的教士手中转写为字母文字。公元1701年到1703年间在基切人的城市奇奇卡斯特南戈，这名教士发现、转录并翻译了本书。《波波尔·乌》的内容可以分成三大部分。书的初始篇章描述了人类的由来，三次失败的尝试之后，第四次终于用玉米创造了人类。书的第二部分记述了胡纳普和斯巴兰克的行迹，这对神圣的孪生兄弟降临地下世界，与诸神玩球。第三部分则记载了基切人的历史，从他们图兰城的传奇源流，一直到前殖民时代的结束。

第三部分记载了危地马拉高地玛雅人的生活事迹，非常具有可观性。但最有意思的是详述整体玛雅文化的第二部分。古典图像学的研究表明，这对兄弟的历险记早在古典时代就有记述，他们也被称为“胡恩·阿雅乌”和“亚克斯·巴兰”。比较花瓶和浅浮雕上的故事场景和《波波尔·乌》文本里详述的英雄故事，研究古典玛雅文明史诗集成中必定发生过的流变，也就有了可能。

到目前为止，我们对古典时代地峡地区还没有完整的认知。这一时期发展最盛的地区是琼塔尔帕，也就是下墨西哥湾沿岸地带。琼塔尔玛雅人和普顿玛雅人是这里的主宰，他们控制了中美洲的多条关键贸易路线。生机勃勃的商人们以沿海定居点（比如拉瓜纳·德特尔米诺斯）和伊萨姆卡纳克这样的中心城市为据点，卓有成效地充当了韦拉克鲁兹及墨西哥中部各族群与尤卡坦半岛那些族群之间的关系。普顿玛雅人的商贸关系之广甚至已经远及洪都拉斯的港口尼托和纳科，他们在那里永久定居，充当贸易终点站的角色与来自故土的商人做生意。

普顿玛雅人大概率与韦拉克鲁兹沿岸的米塞—索克各族群有着重要联系，那里的领土由南向北住着托托纳克人、奥托米人、纳瓦人、特佩华人和华斯特克人。

托托纳克人约在古典时代末期抵达墨西哥湾沿岸，但直到公元13世纪，他们才展现出自身文化与众不同的特质。森波阿拉是韦拉克鲁兹诸多托托纳克王国其中一个王国的首都。埃尔南·科尔特斯带人撰写的森波阿拉及其君主的相关文字（“胖酋长”），是对该城及其生活方式的动人描述。

华斯特克人的领土一直延伸到托托纳克人北面。在西班牙人入侵之前的数百年里，这个玛雅族群占据着早在前古典时代就已有的土地，享受着非凡卓越的文化成就。恢宏绚烂的雕塑堪称典型，它们无疑代表了中美洲艺术的某个高光时刻。

在南部各地，西恰帕斯的索克地域被不断涌入的芒格语族群困扰。这个外地族群名叫恰帕内克，他们征服了恰帕·德·科佐古城，击败了其他几家索克族人，并向他们收取贡赋。

为了躲避恰帕内克的强大压力，一些索克族人撤退到了埃尔奥科特地区，重新占据了那些废弃数百年之久的古代定居点。恰帕内克人抵达恰帕斯，这起事件显然是后古典时代席卷地峡地区的移民浪潮的一部分。

移民浪潮中最知名的就是皮皮尔人：这些讲纳瓦语的族群最终占据了危地马拉和萨尔瓦多太平洋沿岸的绝大部分地区，还一直延伸到今天的尼加拉瓜。

第192—193页图 神圣双子胡恩·阿雅乌和亚克斯·巴兰。他们双双坐在伊茨扎姆纳吉面前。这是古典时代一尊花瓶上的图绘。上方的铭文写上了两名英雄的古典名号，同时也昭示着，这枚器皿是用来盛饮可可的。（波士顿，波士顿艺术博物馆）

5

永不止歇的征服
（公元1519年到1697年）

第195页图　这幅16世纪的微型画展示了埃尔南·科尔特斯登陆墨西哥海岸的场景。（伦敦，大英图书馆）

第197页图　这幅绘画描绘了西班牙探险家、征服者胡安·德·格里哈尔瓦到达今天塔巴斯科州的场景（1517年），他站在日后以他名字命名的河口处。（马德里，美洲博物馆）

第196页图　洛佩斯·戈马拉《西印度通史》（1554）一书记述了弗朗西斯科·赫尔南德斯·科尔多巴1517年到达古巴的情况。1517年也成为第一位西班牙人踏足墨西哥的年份。（马德里，宫廷图书馆）

虽然中美洲东南地区各族群的历史总是背负着政治剧变、危机和军事征服的烙印，但与西班牙征服者到达之后对本地物质和精神征服所造成的灾难相比都不算什么。西班牙的征服标志着中美洲独立发展的终结、漫长殖民时代的开始，直到今天原住民还要努力克服被剥削榨取的命运。

玛雅人和欧洲人的第一次接触发生在克里斯托弗·哥伦布第四次航行期间。1502年，这位热那亚航海家偶遇一条离开尤卡坦海岸的玛雅商用独木舟，当时的玛雅对旧世界而言还是一块未知之境。

九年之后，另一艘西班牙船在尤卡坦附近沉没，两位幸存者热罗尼莫·德阿奎拉尔和冈萨洛·格雷罗成功登上海岸，当地的玛雅人收留了他们。

前往尤卡坦半岛的第一次远征由弗朗西斯科·赫尔南德斯·科尔多巴统领。他于1517年探索了半岛海岸，并与当地的尚波顿玛雅战士打了一场遭遇战。科尔多巴在作战中负伤，不得不逃离战场。人口稠密之地的新闻促使西班牙人在同年组织了另一支远征军，胡安·德·格里哈尔瓦率领这支部队从古巴出发。他在尤卡坦半岛沿岸探索，最远甚至抵达了拉古纳·德特尔米诺斯，他在这里收到了一小堆黄金，听说了阿兹特克帝国的情况。

对西班牙人来说，待征服的土地、黄金和帝国财富是激动人心的消息。1519年他们又组织了一支500人组成的新远征军，由埃尔南·科尔特斯领衔。科尔特斯再次探索尤卡坦海岸，并在那里遇到了热罗尼莫·德阿奎拉尔。德阿奎拉尔加入远征军担任口译（冈萨洛·格雷罗拒绝了）。科尔特斯在波顿昌附近建立了一处定居点，接着又挥军北上，发动了令人叹为观止的阿兹特克征服之旅：这名才华卓著而又愤世嫉俗的西班牙队长仅仅用了两年时间就成功颠覆了这个大帝国。征服阿兹特克之后，科尔特斯转而瞄准了这个帝国南部边界易代的诸王国：1522年，科尔特斯下令远征危地马拉海岸，随后便向那里派出了佩德罗·阿尔瓦拉多。1524年，阿尔瓦拉多抵达危地马拉，用暴烈的武装冲突成功征服了克伊切的首都克乌马卡吉。他的成功也要感谢与克伊切宿敌喀克奇奎尔的联手。也正是在喀克奇奎尔人的建议之下，阿尔瓦拉多派兵进发兹乌图吉尔领土，占领了那里的首都城市。不过，卡克齐克尔人与贪婪的西班牙征服者结盟也没捞到一丁点好处，西班牙人强迫他们缴纳一大笔贡赋。1526年卡克齐克尔人奋起反抗西班牙人，但结局依旧是落败臣服。

当阿尔瓦拉多领军征服危地马拉高地地区时，其他西班牙征服者也涉险进入东南部地区。1524年，科尔特斯任命路易斯·马丁为队长，前去征服拒绝进贡的恰帕内克。远征恰帕内克得到了不少臣服于恰帕内克的族群的支持，虽然形式上是胜利了，但并没有收到多少后续影响，西班牙的支配权也依旧极为虚弱。马丁队长成功征服了奎楚拉，该地区最重要的索克中心之一。埃尔南·科尔特斯还亲自统率一支远征军穿越了佩滕雨林，1525年，他抵达了洪都拉斯并着手征服这一地区，不过西班牙队长之间的内讧才是这次冒险的显著标志。

第198页人物图图 佩德罗·阿尔瓦拉多是墨西哥、危地马拉和洪都拉斯历史上最残酷的征服者之一。（危地马拉，安提瓜殖民博物馆）

第198页地图 这幅地图展示了埃尔南·科尔特斯的征服路线。1519年他在尤卡坦海岸登陆，一路沿着这条路线，挥军直下特奥蒂瓦坎的阿兹特克首都。（墨西哥城，国立历史博物馆）

第199页图 埃尔南·科尔特斯是一位冷酷无情、聪明绝顶的领袖。他率领一支小型西班牙军队就实现了征服一个美洲大帝国的伟业。科尔特斯位居第一批得到西班牙王室接待的殖民者之列，他也获封德拉瓦莱侯爵。（马德里，圣费尔南多皇家艺术学院）

...nolo tenen ... ula ... en ... ¶ xx 26
dixieron ... les dias ...

melchior diaz indio principal le respondio
agraviavan los macehuales y no lo quo
cumplir le mando echar en el cepo dos
o tres dias

... del doctor puga mal tratava a los
naguiles indios que le servian y pren...
... a miguel chichimeca

Como la muger del dicho doctor puga
mal tratava a un indio tlalnaguil
... ndole de los cabellos y echandole en
... y no le quiso dar naranjas por ...
le ... buena fruta

... los indios ... tlacala
...

como el dicho doctor puga mando e...
...

1526年，西班牙王室批准了弗朗西斯科・德・蒙特霍的尤卡坦征服计划，科尔特斯的军队还没怎么踏足这块土地。蒙特霍的军队第二年启程，很快就控制了半岛东海岸，将其打造为通往内陆地区的军事前进基地，在此期间蒙特霍还击溃了数省之君。蒙特霍的战斗在1528年暂时中止，但到了第二年战斗重新打响。这一回，蒙特霍的儿子小蒙特霍也加入战团。小蒙特霍征服了琼塔尔玛雅人治下的阿卡兰省，父子二人随后又拿下了坎佩切和切图马尔两地。可是，他们还是面临着重重困难。

1527年，迭戈・德・马扎里耶戈斯统率的西班牙新远征军继续征服恰帕斯的事业。骇人的苏米德罗之役爆发了，最终2000名美洲原住民没有屈膝投降，将他们的生命留在了苏米德罗河谷。这场战役也标志着恰帕内克人抵抗的结束、西班牙彻底征服这一地区的开始。最终，西班牙人在这里建起了“雷阿尔城”，今名圣克里斯托巴尔・德拉斯卡萨斯。

1532年，小蒙特霍马不停蹄地踏上了征服北尤卡坦的路途，在奇琴伊察附近建立了一个西班牙定居点。不过，当地的玛雅人就像其他已被征服的各省玛雅族群一样，迅速起来反抗新的统治者。事实证明，尤卡坦半岛政治上的四分五裂实际上给西班牙人制造了一个大问题，因为每个被征服的省份都会迅速降而复叛，这样一来他们对整块领土的广泛控制就无从实现，也就没法巩固外来政权的统治权。1534年，老蒙特霍不得不再次拿起武器弹压半岛大部地区，他的征服也就以早夭告终了。

为了弥补远征尤卡坦的失意，蒙特霍启程攻打洪都拉斯。1535年，老蒙特霍获任洪都拉斯总督，他的儿子则继续着尤卡坦地区的未竟事业：小蒙特霍和洛伦佐・德戈多伊拿下了尚波顿，硬生生将其从弗朗西斯坎・雅科博・德特斯特拉手中夺了下来。其时，德特斯特拉早已在这一地区开始了和平的传教工作。在之后数年里，小蒙特霍成功地再度征服了尤卡坦半岛北部各地，并在1542年建起了梅里达城。与此同时，洪都拉斯经年累月的战斗也以佩德罗・阿尔瓦拉多的胜利告终。他成功地赶走了老蒙特霍，并在1539年决定性地实现了对这一区域的控制。

西班牙人对尤卡坦半岛的占领事实上结束了他们对中美洲东南地区的征服，虽然在之后数年里他们不断对付原住民的起义，继续征服几块在长时间里成功避免西班牙人支配的土地。其中最为著称者要数塔雅萨尔城，这里的伊察玛雅人在卡内克的统领下成功将自身的独立延续到了17世纪末。在与西班牙传教士频繁接触之后，伊察人最终向马丁・德・乌尔苏亚・阿里兹门迪投降。西班牙人在1697年3月13日俘获了这座城市，这也标志着他们对玛雅地区的最终征服完成。

第200页图 《奥苏纳抄本》（1565）的一页，描绘了西班牙人对当地人的虐待。值得一提的是，这部抄本将当地的象形符号和西班牙文字结合到了一起，还有以拉丁字写成的纳瓦特文。（马德里，宫廷图书馆）

第201页图 《奥苏纳抄本》的一页，描绘了墨西哥北部的两名游牧猎人。只见他们装备了长弓和箭矢，典型的北部沙漠武器。本页的图像风格也反映着欧洲的深远影响。（马德里，宫廷图书馆）

术语

阿茨布（Ah ts' lib）：古代玛雅铭文所用术语，指代“书吏”或“画吏”之职。

阿普切（Ah Puch）：玛雅死神之名，被描绘为一具骷髅。

阿雅乌（Ajaw）：这是古典玛雅世界最常使用的头衔。这个头衔似乎在古典时代末期也用于位高权重的贵族，即便他们不具王室血统。

巴卡布（Bacob）：根据古典玛雅宇宙学，“巴卡布”乃是四大神祇之一的姓名。这四大神祇一起维系着天空的四角。

巴克吞（Baktun）：时间单位。一“巴克吞”等于14万4千天，用于玛雅历法制度“长计历”。

查克（Chac）：玛雅雨神兼丰收之神的姓名。在玛雅肖像画里，查克长着一只长鼻子（代表象鼻），不过这实际代表着各种蛇类鼻子上的凸起物。

长计历（Long Count）：玛雅人和米塞-索克语诸族使用的历法，时在前古典时代晚期到古典时代末期之间。这套历法使用不同的时间单位，计算始于某个神秘最初日期的历史。这个日期就是公元前3114年8月13日。这套历法在玛雅大型建筑铭文中的运用，也让我们得以确定玛雅历法和现代历法之间的联系。

胡恩·阿雅乌（Hun Ajaw）：史诗集成《波波尔乌》里神圣孪生兄弟之一的古典名号。特别地，这个名号指的是兄弟中年长的那一位，古典时代它与金星紧密相连。殖民版本《波波乌》中的相应名称则是“胡纳普”。

胡纳耶（Hun Naal Ye）：玉米神，也是《波波尔乌》里神圣孪生兄弟之父。在奥尔梅克和玛雅世界的神话系统里，玉米神可是个核心角色，也与王室的神圣合法性密不可分。

金（Kin）：“太阳”或是“一天”。若作“太阳”解，这个术语也与玛雅的太阳神“基尼希·阿雅乌”紧密相连。太阳神辨识度极高，因为它的鲜明特征：目光交缠的双眼，鼻子顶部的突起，还有伸出来的舌头。若作“一天”解的话，这个术语指的乃是最短的时间单位（持续一日），用于长计历这样的历法系统。

卡鲁穆特（Kaloomté）：玛雅王室头衔，见于古典时代的某些城邦。它的确切含义尚不清楚，但似乎指的是一个比“阿雅乌”更高的地位。这个头衔若是和前缀“ochkin”（西方）相连的话，那么指的就是发源于特奥蒂华坎地区的统治者。

卡吞（Katun）：历法单位，时长7200天，用于长计历。

卡维尔神（K' awiil）：与玛雅王室紧密相连的长鼻神，被认为是王室精血之神。他的形象常常出现在王冠或是国王所持的权杖之上。这尊神祇也被描绘成一条单腿蛇。

克乌胡尔·阿雅乌（K 'uhul Ajaw）：意为“神圣主宰”。这个王室头衔通常会在古典铭文里出现，特别是在所谓玛雅文字（Emblem Glyphs）里。似乎指的就是古典玛雅政治实体之名。

克乌克库马茨（Q' uq' kumatz）：基切人玛雅语，意为“羽蛇神”。这是纳瓦语原名“魁札尔科亚特尔神”的字面翻译。

库库尔坎（Kukulkán）：尤卡坦玛雅语中的“羽蛇神”。这是纳瓦语里“魁札尔科亚特尔”的字面翻译。

库奇卡巴洛布（Cuchcabalob）：后古典时代与欧洲人接触之时，尤卡坦半岛上玛雅小型政治实体使用的通名。

魁札尔科亚特尔（Quetzalcóatl）：纳瓦特语“羽蛇神”。这尊神祇与形形色色的创世活动联系到了一起，其中就包括造人。古典时代终结之后，这尊神祇也成为崇拜之物，在整个中美洲地区风行，并与新的普世政权结构紧密相连。事实上，这尊神祇的名字——以其各不相同的译名——还被许许多多的君主用作姓名。

帕瓦赫顿（Pawahtun）：根据玛雅宇宙学，这是维系天空四角而不坠的四大神祇之一的名字。

玛雅人（Maya）：玛雅语系（也称玛雅西）使用者的通称。这个语系包括约30种语言，其中一部分已经灭绝。

芒格语（Mangue）：一种中美洲语系。虽然讲芒格语的人生活在地峡地区和玛雅地区之外，但在后古典时代，几个芒格语族群（比如恰帕内克）就来到地峡地区定居。

米塞-索克（Mixe—Zoquean）：一种中美洲语系，包括米塞和索克两种语言。学界通说 都会区的古奥尔梅克人讲的语言属于这种语系。

纳瓦（Nahua）：庞大的犹他—阿兹特克语系中的一个子语系，位于墨西哥中部和北部。这个术语还可指代讲纳瓦语的族群，比如托尔泰克和阿兹特克。

纳瓦特（Nahuatl）：阿兹特克人讲的纳瓦语。

萨加尔（Sajal）：这是古典玛雅铭文里的贵族头衔，指的是小型中心的“总督”。这些总督要服从某个“阿雅乌”的权威。

萨克贝（Sacbe）：所谓“白色道路”或是修成的垫高堤道。这些道路将不同类型的玛雅城邦联为一体，它们在尤卡坦半岛也颇为普遍。除了充当交通孔道之外，它们大概还用于强化城邦间的政治关系。同样可能的是，它们还有举行仪式的作用。

石灰岩井（Cenote）：一种自然的喀斯特水井，成因是地下隧道的局部塌顶。这些水井在喀斯特地貌地区非常常见，尤卡坦半岛就是一例。石灰岩井不但有其实际用途——水源——而且也是宗教仪式之地。人们认为这是通向地下神祇的要道。

吞（Tun）：“石头”或“年”，代表360天时间，用于长计历这套历法系统。

托兰（Tollan）：纳瓦特语意为“芦苇之地”。这是一座“魁札尔科亚特尔”的传奇之城，后来成为神秘的城市范式。许多中美洲城邦都是照着这个范式建起，比如图拉，奇琴伊察，乔卢拉，还有阿兹特克的首都特诺奇提特兰。

乌依纳尔（Uinal）：时间单位，20天。用于长计历这套历法系统。

五点梅花（Quincunce）：由五点组成、排成X形的符号，代表中美洲的基本宇宙图式。也即是说，代表四大基本方位和宇宙的中心。

亚克斯·巴兰（Yax B’alam）：意为“第一美洲虎”，也是史诗集成《波波尔乌》里神圣孪生兄弟之一的古名。特别地，它指代孪生兄弟中的年幼者，在古典时代与太阳密不可分。殖民版本的《波波尔乌》里，它的相应名称是“斯巴兰克”。

伊茨埃特（Its’at）：这则术语在古典玛雅铭文里用于指代“艺人”或是“智者”。常见于玛雅诸王头衔。

伊茨扎姆·卡布·阿依因（Itzam Cab Aiin）：鳄鱼形象的地神，身躯在地下河流上漂流。这尊神祇在中墨西哥地区也被称为“希帕克特里”。

伊茨扎姆纳吉（Itzaamnaj）：玛雅万神殿里至高无上的天神，常常以缺牙老者的形象示人，但也会化身为一条双头龙，或是长羽天鸟。

圆周历（Calendar Round）：这个名字用于指代以52年为一周期的历法单位。一个圆周历由360+5天的太阳历和260天的圣历结合而成。不同于长计历的是，这套周期历法一体适用于中美洲所有族群。

“秘仪之家”躺卧餐厅内的湿壁画。（庞贝古城）

扫描二维码，查询本书术语表和索引表

图书在版编目（CIP）数据

图说世界文明史. 玛雅 / (意) 达维德 · 多梅尼奇著;
王兢译. -- 济南 : 山东画报出版社, 2021.3
书名原文: History and Treasures of Ancient
Civilizations: The Mayas
ISBN 978-7-5474-3757-5

Ⅰ. ①图… Ⅱ. ①达… ②王… Ⅲ. ①玛雅文化 - 文
化史 - 图解 Ⅳ. ①K103-64②K731.2-64

中国版本图书馆CIP数据核字（2021）第019349号

WHITE STAR PUBLISHERS

TUSHUO SHIJIE WENMINGSHI MAYA
图说世界文明史 . 玛雅
〔意〕达维德 · 多梅尼奇著；王兢译

责任编辑 刘 丛
装帧设计 朱大锤
出 版 人 李文波
主管单位 山东出版传媒股份有限公司
出版发行 山东画报出版社
社　　址 济南市英雄山路189号B座　邮编 250002
电　　话 总编室（0531）82098472
市场部（0531）82098479　82098476（传真）
网　　址 http：//www.hbcbs.com.cn
电子信箱 hbcb@sdpress.com.cn
印　　刷 北京盛通印刷股份有限公司
规　　格 220毫米 × 240毫米　1/12
17印张　269幅图　330千字
版　　次 2021年3月第1版
印　　次 2021年3月第1次印刷
印　　数 1—5,000
书　　号 ISBN 978-7-5474-3757-5
定　　价 98.00元

建议图书分类：世界史